Asaph Borba

DE UM PAI PARA SEUS FILHOS

*conselhos primordiais para
uma vida bem-sucedida*

Apresentação GERSON ORTEGA

Prefácio JAIME KEMP

Copyright © 2016 por Asaph Borba.
Copyright de publicação © Vida Melhor Editora S.A., 2017.
Todos os direitos reservados.

Salvo menção em contrário, todas as referências bíblicas constam da tradução de João Ferreira de Almeida, versão Revista e Atualizada (RA) da Sociedade Bíblica do Brasil (SBB).

Os pontos de vista desta obra são de responsabilidade de seus autores e colaboradores diretos, não refletindo necessariamente a posição da Thomas Nelson Brasil, da HarperCollins Christian Publishing ou de sua equipe editorial.

Publisher	Omar de Souza
Gerente editorial	Samuel Coto
Editor responsável	André Lodos Tangerino
Edição de texto	Claudinei Franzini
Coordenação de produção	Thalita Ramalho
Produção editorial	Jaciara Lima
Revisão	Thamiris Leiroza Meschke
Capa	Guilherme Saved
Diagramação	Sonia Peticov

CIP-BRASIL. CATALOGAÇÃO NA PUBLICAÇÃO
SINDICATO NACIONAL DOS EDITORES DE LIVROS, RJ

B718d

Borba, Asaph
De um pai para seus filhos : conselhos primordiais para uma vida bem-sucedida / Asaph Borba. - 1. ed. - Rio de Janeiro : Thomas Nelson Brasil, 2017.

ISBN: 978.85.7860.947-4

1. Família 2. Pais e filhos 3. Vida cristã. I. Título.

CDD: 248.845
CDU: 248.151

Thomas Nelson Brasil é uma marca licenciada à Vida Melhor Editora S.A.
Todos os direitos reservados à Vida Melhor Editora S.A.
Rua da Quitanda, 86, sala 218 – Centro – 20091-005
Rio de Janeiro – RJ – Brasil
Tel.: (21) 3175-1030
www.thomasnelson.com.br

De braços abertos corriam pra mim
Seus olhos brilhavam, sorrisos sem fim
Estar ao meu lado para cantar
Ouvindo as histórias que os faziam sonhar!
/Este é o melhor presente
De um pai pros seus filhos/

Enquanto cresciam e tudo mudava
Rotina da vida os distanciava
Mas nada roubou o calor e a alegria
Ao redor da mesa a cada dia!
/Este é o melhor presente
De um pai pros seus filhos/

Transmitir os valores, princípios eternos
Não mudam com o tempo, são sempre modernos
É tarefa sublime e intensa
Que exige constante presença!
/Este é o melhor presente
De um pai pros seus filhos/

Buscar ao Senhor em oração
Com a chama da fé no coração
Mostrar o caminho que leva
Pra perto de Deus
Nunca deixar de abraçar
Nunca deixar de amar
/Mantendo a esperança custe o que custar/
/Este é o melhor presente
De um pai pros seus filhos/

O MELHOR PRESENTE (Asaph Borba — 2016)

APRESENTAÇÃO

Conheço Asaph e Rosana, sua esposa, há muitos anos. Isso me permite ter liberdade em falar a respeito deste trabalho singelo e verdadeiro.

Por muitos anos temos aprendido a andar juntos. Embora também tenhamos ações ministeriais com envolvimentos diferentes, inúmeras vezes trabalhamos em equipe como uma orquestra afinada.

Esse convívio tem trazido respeito, honra, amor e muito aprendizado. Toda vez que nos encontramos, sempre percebo algo novo para aprender, para compartilhar, num espírito de amizade que também tem vivido o exercício do perdão mútuo.

Temos semeado juntos em vários países onde Jesus é a necessidade primordial, aliados a ações sociais e fortalecimento de igrejas, buscando integridade no que fazemos, semeamos e colhemos.

Já compartilhamos profundos sentimentos da alma quando Miriam e eu perdemos nosso primeiro filho, Lucas. Lembro-me, e tenho até hoje, algumas linhas de consolo que Asaph escreveu de punho, e mesmo uma canção gerada nos aeroportos, enquanto ele se locomovia para chegar a tempo no funeral do Luquinhas.

Digo tudo isso, não por mero sentimentalismo, mas para mostrar um pouco do quanto Deus tem nos levado a uma profundidade cada vez maior do sentido da vida e, da morte, da importância de princípios, enfatizados aqui para a família, mas que são completos, eternos e para tudo na vida!

Hoje, mais de trinta anos depois, nossa amizade e aliança continuam, nossos filhos cresceram e se tornaram flechas para enviarmos mais longe do que chegamos, além de serem nosso principal legado de vida e ministério.

A continuidade da Igreja depende da família, célula inicial do processo de formação do corpo de Cristo. Como aprendemos aqui, nela (família) exercemos os valores que recebemos e devemos viver com humildade, simplicidade e singeleza de coração.

Referendo este livro com muito amor, muita alegria e muito temor, para pais e filhos, em tempos difíceis de questionamentos e ataques à família, casamento, criação de filhos e mesmo do cristianismo verdadeiro baseado na Palavra de Deus.

Portanto, disponha-se a ler este trabalho, se autoavaliando, corrigindo e firmando princípios na sua caminhada familiar para que, a seu tempo, os frutos venham e tragam anos de alegria e vida!

"Estas palavras que, hoje, te ordeno estarão no teu coração; tu as inculcarás a teus filhos, e delas falarás assentado em tua casa, e andando pelo caminho, e ao deitar-te, e ao levantar-te." (Deuteronômio 6:6-7)

Gerson Ortega
Casado com Miriam e pai de Rafael, Matheus e Pedro, pastor, músico e médico

SUMÁRIO

Agradecimentos — 9
Prefácio — 11
Introdução — 15

1º PRINCÍPIO: Ter fé — 21
2º PRINCÍPIO: Buscar a sabedoria — 27
3º PRINCÍPIO: Remir o tempo — 39
4º PRINCÍPIO: Desenvolver os dons e talentos — 50
5º PRINCÍPIO: Ser paciente — 59
6º PRINCÍPIO: Fazer das limitações um desafio — 64
7º PRINCÍPIO: Ser pronto a perdoar e a pedir perdão — 72
8º PRINCÍPIO: Aprender sempre — 79
9º PRINCÍPIO: Semear — 92
10º PRINCÍPIO: Ser íntegro — 100
11º PRINCÍPIO: Preservar a vida — 111
12º PRINCÍPIO: Amar e honrar — 124

Conclusão — 139

AGRADECIMENTOS

Quero expressar minha gratidão a todos que fizeram deste projeto uma realidade.

Primeiramente ao Senhor Jesus, fonte inesgotável de inspiração, que sempre tem a melhor e perfeita ideia sobre qualquer assunto.

Agradeço aos meus pais, Joaquim Roque de Souza (em memória) e Eduvirges Borba de Souza, que plantaram muitos desses valores em meu coração, mesmo quando eu não podia compreendê-los e tampouco praticá-los.

Aos meus pastores Erasmo V. Ungaretti e Moysés C. de Moraes e também ao amigo mais chegado que irmão, Don Stoll, os quais são para mim fontes de ensino e exemplo do conteúdo aqui abordado.

Ao amigo de muitas jornadas, Gerson Ortega, que fez a apresentação deste livro, o qual, junto com sua esposa Miriam, são referenciais na criação de seus filhos.

Aos meus filhos Aurora e André, que me inspiraram a escrever e me desafiam a viver este livro.

Ao meu amigo e editor Claudinei Franzini, pela parceria e incentivo tão importantes na elaboração e finalização deste projeto.

Ao querido amigo e pastor Jaime Kemp, que conheço desde os meus primeiros passos de ministério, que não hesitou em fazer o prefácio deste singelo escrito.

À amiga Susie Ungaretti, que dá o apoio necessário, gerenciando a Life Serviço de Comunicação Ltda.

Ao meu irmão Abner Borba, pela produção de áudio do CD temático.

Ao João Batista Souza dos Santos, pelo inigualável violão, no CD temático que acompanha as primeiras edições deste livro.

Ao querido casal Alonso e Cristine Azevedo, pelo incansável trabalho na pesquisa durante a elaboração deste projeto.

Meu amor e gratidão à minha fiel "escudeira", minha esposa Lígia Rosana, pela diligência na finalização total deste livro, que nasceu também no seu coração. Obrigado por nunca me deixar esquecer de nenhum desses princípios.

PREFÁCIO

A família está em crise. Os problemas se avolumam e cada dia há mais famílias fragmentadas e em sofrimento. Várias filosofias modernas tentam conduzir-nos por diversos e variados caminhos, geralmente opostos àqueles apontados pelo Senhor. Por essa razão, é imprescindível fixarmos nossos olhos no Criador do Universo, o Arquiteto da família, para redescobrirmos os princípios fundamentais que ele estabeleceu para a família.

Em Deuteronômio 6 encontramos alguns alicerces que Deus instituiu para o povo de Israel, mostrando como eles deveriam agir para garantir a sobrevivência de suas famílias. O patriarca Moisés havia envelhecido, estava com 120 anos de idade e preparado para transferir a liderança a seu discípulo Josué, que teria a incumbência de levar o povo até a terra prometida e à conquista das nações que ali habitavam. Mas ele também teve o cuidado de transmitir aos pais e avós de Israel as instruções dadas por Deus, pertinentes à família, que eles deveriam ensinar aos filhos e netos.

Essas orientações se dividiam em quatro partes:

1. *Em relação a Deus* — Deuteronômio 6:1-5. Deus incentivou os pais e os avós a obedecerem seus mandamentos, a temerem e amarem o Senhor de todo o coração.
2. *Em relação à Palavra de Deus* — Deuteronômio 6:6-9. É vontade de Deus que Sua Palavra esteja gravada no coração dos pais e que estes a transmitam aos seus filhos.

3. *Em relação à administração de bens materiais* — Deuteronômio 6:10-14.

4. *Em relação a sobrevivência da família através da transmissão dos princípios de Deus de pai para filho* — Deuteronômio 6:20-25.

Os pais, especialmente o pai, são responsáveis por preparar e desenvolver um ambiente apropriado ao crescimento e amadurecimento dos filhos, de forma que, no futuro, com a chegada das crianças, ambos se tornem pais atuantes, competentes e dedicados.

Deus usou o velho Moisés para comunicar aos pais a importância de inculcarem na mente e no coração dos filhos a indiscutível magnitude de Deus, em cujas mãos depositamos a nossa vida e a nossa alma. E é exatamente essa cadeia que garante a continuidade da família de geração em geração, pois é por meio dela que os preceitos e valores familiares são transmitidos de pais para filhos.

Para minha alegria, conheço um homem que, semelhantemente a Moisés, reconhece a indiscutível exigência de perpetuar no coração dos filhos a riqueza dos princípios da Palavra referentes à família. Seu nome é Asaph Borba, homem de Deus, pai de dois filhos, Aurora e André. Ao lado de sua esposa, Rosana, ele tem buscado obedecer a vontade de Deus.

Para escrever seu livro, Asaph se baseou em uma carta que escreveu para seu filho André, quando ele completou 18 anos. No livro, Asaph revela como desafiou o filho a desenvolver pelo menos doze áreas relativas ao caráter, à moral e ao espírito humano, tais como: ter fé em Deus, buscar sabedoria, desenvolver os dons e os talentos, estar disposto a perdoar e pedir perdão e outras oito qualidades de caráter.

Neste momento em que a sociedade clama pela necessidade de liderança masculina no lar, louvo a Deus pela vida e exemplo deste amigo de longo tempo, por ele desafiar não somente seu filho André, mas a todos nós, todos os pais e todos os filhos, a valorizarem as qualidades de caráter tão essenciais e relevantes, porém muitas vezes esquecidas e até menosprezadas nos dias de hoje.

Sem nenhuma dúvida e com todo o meu coração, recomendo a leitura deste livro.

Obrigado, querido amigo Asaph. Sua vida é uma grande bênção.

Jaime Kemp
Pastor e escritor

INTRODUÇÃO

*"Não tenho maior alegria do que esta,
a de ouvir que meus filhos andam na verdade."*

3João 1:4

Este livro nasceu a partir de uma carta que escrevi para meu filho André, quando completou 18 anos, no dia 31 de julho de 2014. Quis deixar registrado o desejo do meu coração de abordar com profundidade os princípios que, a meu ver, além de importantes, são primordiais no desenvolvimento do caráter, da moral e do espírito humano. Nesta época em que muitas vozes tentam direcionar os jovens ainda em formação, quero ser um pequeno, mas presente arauto, comunicando valores, com clareza e simplicidade, não apenas para meu filho, mas também a tantos outros filhos e filhas de amigos, irmãos e às pessoas em geral, que certamente encontrarão neste singelo ensino uma diretriz norteada na ética e civilidade expressas na Bíblia Sagrada que, para mim, é a Palavra irretocável de Deus, onde são baseados estes princípios.

Graças a Deus, na maioria dos pontos mencionados nesta carta escrita ao meu filho, posso dar meu próprio exemplo de vida. Porém, alguns deles, confesso que tive dificuldade de praticar no decorrer da caminhada e, em poucos, Deus ainda trabalha em mim para que os possa viver com mais firmeza. Apesar disso, não deixo de acreditar na imperiosidade destes princípios para a jornada de qualquer pessoa. Estes ensinos são firmados na fé cristã que praticamos em casa, e acredito serem unanimidade não apenas para cristãos, mas também para todo aquele que queira crescer e estar em paz consigo, com seu próximo e, principalmente, com Deus.

Acredito que pais e mães, ao lerem estes conselhos, sentirão falta de outros tantos aqui não mencionados. Isso é normal, pois, de acordo com cada experiência de vida, criação e cultura, os princípios e valores se ampliam, ganhando ou perdendo relevância. Creio, entretanto, que até mesmo essas ausências ajudarão a cada leitor a refletir o que quer transmitir para os seus filhos, com base no que Deus vai lhe falar sobre cada assunto.

Para os filhos que fizerem a leitura deste livro, meu pedido é que o façam de coração aberto, sem culpa ou condenação, e que cada um dos fundamentos aqui expostos se torne um objetivo a ser alcançado através da graça e amor de Cristo, cujo desejo é que todos sejam salvos e transformados. Estes princípios não são um fim em si mesmos, contudo, quando vividos e praticados, tornam-se o início do grande desafio da maneira divina de viver.

Todo pai quer deixar algum legado aos seus filhos. O patrimônio econômico é quase sempre a prioridade, que faz com que muitos passem longo tempo investindo trabalho e dinheiro para adquirir bens. Mas o conteúdo aqui descrito é diferente. Para que haja pleno aproveitamento do mesmo, cada pai ou mãe terá que investir tempo e, principalmente, deverá acrescentar ao ensino o exemplo, pois, para transmitir princípios, vivê-los é essencial. Um filho dificilmente terá força de vontade e incentivo moral para fazer o que não vê sendo praticado por seus pais ou cuidadores, a não ser que haja uma transformação divina em seu interior. Por isso acredito que o grande e maior investimento que podemos fazer em nossos filhos é a formação de seu caráter, com base em princípios sólidos sobre os quais, possam caminhar por toda a vida. Como disse Thomas Alva Edison, um dos mais relevantes inventores americano: "O grande tesouro de um homem é seu caráter, tudo mais pode lhe ser roubado."

Outro objetivo deste livro é criar uma ponte entre pais e filhos. Um momento em que possam estar juntos, debatendo o caminho aqui descrito. Muitos pais não sabem exatamente o que ensinar e como direcionar os filhos, por isso, ao verem os problemas aparecendo, criam um relacionamento destrutivo de cobrança. Por exemplo, quando veem os filhos jogando o tempo fora, não sabem como mostrar o problema e nem tampouco conseguem ajudá-los na mudança de atitude. Acredito que aqui estes pais poderão ter um apoio para uma abordagem mais eficaz, aproximando-se um pouco mais do coração dos seus queridos.

Outro cuidado que tenho ao escrever este livro é que o mesmo não seja instrumento de julgamento e cobrança, nem de filhos e tampouco de pais. Por favor, peço humildemente que não olhem para meus filhos pensando que eles são o espelho de todos estes princípios, pois, como todos meus leitores, também estamos nesta caminhada, neste processo. Acrescento ainda que, depois de meditar em família sobre os tópicos aqui contidos, ninguém tenha a ilusão de que os mesmos serão praticados de imediato. Na realidade, a verdade vai se firmando lentamente no coração da criança, do adolescente e do jovem, através do ensino constante e repetitivo, acompanhado do exemplo.

Conheço inúmeros homens e mulheres de Deus, cujos filhos nunca se desviaram dos caminhos do Senhor. Foram ensinados e assim seguiram, dando bons frutos pela vida afora. Contudo, conheço outros homens e mulheres de Deus, que servem ao corpo de Cristo em diferentes países e culturas, os quais também criaram seus filhos nos caminhos do Senhor e estes, depois, fizeram suas próprias escolhas, desviando-se da verdade. Mesmo para eles, continuarei crendo no poder da boa semeadura e da oração. Porém, o que quero dizer é que meu objetivo com este trabalho é simplesmente colaborar com a maravilhosa atitude paterna e materna, e de cuidadores em geral, de ensinar os bons princípios de Deus aos filhos, e àqueles de quem cuidamos. O prosseguir será entre eles e Deus.

A seguir, transcrevo na íntegra a carta que escrevi para o meu filho, a qual inspirou este livro, sendo que todos os conselhos citados na lista que a acompanharam transformaram-se em capítulos deste trabalho.

Porto Alegre, 31 de julho de 2014.

Querido filho André,
Hoje, 31 de julho de 2014, completas 18 anos. Muitas etapas da tua vida já foram cumpridas com êxito. Tivemos a honra de cuidar de ti desde o primeiro dia. Tua mãe e eu fizemos de tudo para que tua jornada fosse feliz e completa. Recebeste o melhor que pudemos dar para que tua formação fosse bem-sucedida. Acreditamos que conseguimos. Vemos no teu caráter um resultado positivo de tudo que, com esforço, investimos. Acreditamos, com fé, que estás pronto para a próxima etapa que trará consigo novos e importantes desafios: o término da faculdade, a carreira profissional e, então, um relacionamento que direcionará a constituir tua própria família. Cremos que a maturidade e a direção de Deus mostrarão cada uma destas estações a seu tempo.

Venceste o ensino médio com maestria, passaste em alto nível nos vestibulares e te tornaste um bom músico com uma brilhante carreira pela frente. Mas ainda tens muito a percorrer e, por certo, nós estaremos ao teu lado.

Quero aqui pontuar alguns conselhos de pai para filho. Todos baseados em princípios que nortearam a minha vida e de tua mãe, fazendo de nossa casa um lugar seguro, próspero e feliz. Alguns desses valores trouxemos de casa, aprendidos com meu pai, Joaquim, e meu sogro, Roberto, teus avós; outros, recebi de meus pastores, Erasmo e Moysés, assim como do tio Donald, meu tutor; e outros, eu me apercebi, no decorrer da vida, de que eram importantes e necessários. Com sinceridade, não posso afirmar que pratico todos eles integralmente, mas declaro, sim, que os persigo diariamente, fazendo deles um alvo constante a ser alcançado.

Minha oração é que Deus possa fazer de cada um desses conselhos uma pequena pérola a ser guardada em teu coração como o melhor que eu pude, como pai, repassar ao teu coração e de tua irmã Aurora. Espero, no Senhor, que meu exemplo ainda seja mais forte que minhas palavras.

> "Filho meu, ouve o ensino de teu pai
> e não deixes a instrução de tua mãe."
> Provérbios 1:8

Te amo, André, meu filho!
Asaph Borba

1º PRINCÍPIO
TER FÉ

> *"Ora, a fé é a certeza de coisas que se esperam, a convicção de fatos que se não veem."*
>
> Hebreus 11:1
>
> *"A fé que nunca fez chorar nunca fez viver."*
>
> Spurgeon[1]

Hoje em dia, vemos as pessoas colocando sua fé em qualquer coisa. Mesmo as que dizem não tê-la, acabam crendo em si mesmas, na sorte, em predições ou em coisas materiais, e quase todas dizem crer em Deus. Erwin Lutzer diz:

> "Eu acredito em Deus", talvez seja a afirmação mais sem sentido que se possa fazer hoje. A palavra Deus tornou-se uma tela sobre a qual qualquer pessoa sente-se livre para pintar a própria imagem do divino... Para alguns, é uma "energia psíquica"; para outros, é "tudo o que é mais forte que eu" ou "o poder interior que nos leva à consciência mais profunda".[2]

Sem dúvida, existe a fé humana, colocada como semente de Deus no coração do homem, para gerar nele o desejo de transcender ao mundo físico e alçar o sobrenatural. É esta semente que torna possível crer naquilo que não vemos e dar o passo em direção ao próprio Criador. Porém, esta é uma escolha do livre-arbítrio de cada pessoa, que muitas vezes decide não revertê-la a quem de direito. A fé do homem somente será potencializada se dirigida ao próprio Deus. Isso porque à medida que O conhecemos, passamos a compreender que esta fé é o princípio da ação divina no interior de cada pessoa. Jesus exortou que se nossa fé for do tamanho de um pequenino grão de mostarda, já tem poder para gerar algo grande e impossível aos olhos humanos (Mateus 17:20). A fé, a ser destacada aqui, é aquela que nos leva a confiar totalmente em Deus e amar a Cristo. É a crença inquestionável e verdadeira que brota em um coração, como fruto da semente plantada pelo Pai em cada vida. É esta fé pura que nos ajuda a crer lucidamente na Palavra, a Santa Bíblia, como *"lâmpada para os pés e luz para o caminho"* (Salmos 119:105), que nos ensina a andar no poder do Espírito, pois os que assim andam são chamados filhos de Deus.

Quando perde a fé, o espírito humano se empobrece. Começa a secar, ficando, com o passar do tempo, como um poço sem água. Entretanto, não adianta ter a fé na coisa errada. Li recentemente sobre um adolescente, que foi levado, por sua crença, a explodir seu próprio corpo em uma ponte no Oriente Médio, matando a si mesmo e a muitas pessoas. Fica evidente que sua fé, por mais corajosa e abnegada que tenha sido, não era correta. Isso porque uma fé que leva à morte tão precoce, através de um suicídio e espalhando mais morte ao seu redor, é louca e sem sentido. A fé em Cristo, a que me refiro, sempre levará à vida e vida em abundância, como disse Jesus em João 10:10. E ainda: *"O espírito é o que vivifica; a carne para nada aproveita; as palavras que eu vos tenho dito são espírito e são vida."* (João 6:63) No livro "Mais Perto de Deus", A. W. Tozer faz a seguinte afirmação: *"O homem que chega a crer em Deus da forma certa se liberta de milhares de problemas temporais."*[3]

A fé de uma criança é sempre pura. Nossa oração constante, como pais e cuidadores de nossos filhos, é que estes nunca abandonem a pureza da confiança e da fé em Deus; pelo contrário, façam-nas crescer através do conhecimento contínuo da Bíblia, que é o fundamento e o alimento sólido da fé. Além de crer, oro também para que amem a Lei do Senhor e aprendam a viver por ela. A fé pode ser pequena, mas, quando regada com as coisas certas, ficará fortalecida. Sobre isso, declarou o Dr. Howard Hendricks: *"Na verdade, ou você está na Palavra e a Palavra o está conformando à imagem de Jesus Cristo, ou você está no mundo e o mundo o está pressionando a seus moldes."*[4] C. S. Lewis, em seu livro "Cristianismo Puro e Simples", sintetiza o que é o cerne de nossa fé: *"A principal crença cristã é que a morte de Cristo de algum modo acertou nossas contas com Deus e nos deu a possibilidade de começar de novo."*[5]

O QUE FORTALECE A FÉ?

Primeiramente, coloco a oração como um instrumento de fortalecimento e firmeza para nossa comunhão com Deus e de nossa fé. Um tempinho qualificado de oração, em qualquer momento do dia, promove benefícios de transformação dentro do coração humano. A oração, fruto da devoção que temos a Deus, leva-nos, gradativamente, a conhecer um pouco mais do Pai e do seu amor. Não se deve orar pensando apenas em receber alguma coisa do céu. Oração deve ser, acima de tudo, uma conversa entre filhos e Pai. Isso acontece de modo natural a qualquer hora, ou melhor, a toda hora. *"A oração não é apenas o passatempo de Deus para não se sentir solitário. Ele se agrada da nossa comunhão. Ele sempre se aproxima quando nós oramos."* (Wesley L. Duewel)[6]

Em segundo lugar, acrescento a adoração. Próxima da oração na comunhão com o Pai, mas bem diferente na expressão. A adoração e o louvor acrescentam força e atitude à nossa fé, fazendo com que tudo aquilo que está dentro de nós comece a desabrochar em canções, poesias, versos, pinturas, danças e tudo aquilo que a criatividade humana consegue produzir. *"Compreendo, mais do que nunca, que a intimidade com o Senhor Jesus é a única coisa que fará com que as nossas vidas tenham o valor que devem ter."* (Irmão André)[7]

Na sequência, adiciono a comunhão com os irmãos. Estar junto de amigos em verdadeira *koinonia (em grego = comunhão)*, tendo a mesma crença e os mesmos alvos, é primordial para o fortalecimento da fé. Assim como a anarquia e a maldade se ampliam na coletividade, o mesmo acontece com a bondade, o amor e a fé em Deus. Estes se firmam quando estamos entre os irmãos que buscam e amam ao Senhor em um ambiente sadio e construtivo.

Quando a fé se fortalece dentro do espírito e cria raízes profundas, dificilmente será roubada. Pelo contrário, se transformará em certezas e convicções, como é afirmado no livro de Hebreus 11:1-2: *"Ora, a fé é a certeza de coisas que se esperam, a convicção de fatos que se não veem. Pois, pela fé, os antigos obtiveram bom testemunho. Pela fé, entendemos que foi o universo formado pela Palavra de Deus, de maneira que o visível veio a existir das coisas que não aparecem."*

Um cuidado que temos que ter é para que a fé seja sempre genuína, autêntica e, principalmente, visível àqueles que estão ao derredor. A fé é a base do testemunho para este mundo. Por isso, pode e deve ser sempre compartilhada e proclamada. Porém, muitos jovens crentes, em função da incredulidade reinante, escondem e, assim, enfraquecem sua fé. Alguns para fugir da confrontação, mas a maioria o faz por vergonha e timidez, o que é normal, mas deve ser vencido.

Deus nos dá segurança e intrepidez para rompermos com estes limites e assim, sermos Suas testemunhas. E, falando neste assunto, é, sempre bom os pais olharem de perto, pois muitos filhos sofrem até mesmo *bullying* em função do que creem e praticam, o que não é correto perante as leis. Os filhos devem aprender que sua fé deve ser respeitada por todos, e que também pode ser sempre compartilhada, pois isso nos é garantido por lei. Porém, também devem aprender a respeitar as pessoas que têm crenças diferentes. A chave é saber que manter e repartir a fé é, principalmente, vivê-la. Palavras podem não ser ouvidas ou levadas a sério, mas a vida diante de Deus é sempre um testemunho inquestionável. *"A experiência pessoal convence mais que a observação."* (Spurgeon)[8] Quando aprendemos isso, a fé está firmada corretamente. É unicamente pela fé que buscamos a Cristo e O encontramos, e quem assim o faz, acha todas as coisas.

A fé é também firmada a partir de experiências espirituais que acontecem, principalmente, quando nos separamos para refletir e buscar a Deus. Foi assim que comecei a compor meus primeiros cânticos, os quais, no decorrer dos anos, enriqueceram minha vida e ministério. Cada uma de minhas canções representa uma experiência espiritual.

Em síntese, quanto mais buscamos a Deus, mais e mais teremos comunhão com Ele. *"Então, me invocareis, passareis a orar a mim, e eu vos ouvirei. Buscar-me-eis e me achareis quando me buscardes de todo o vosso coração."* (Jeremias 29:12-13)

A fé brota com naturalidade no coração de uma criança. Eu lembro quando meu filho André orou espontaneamente frente a uma dificuldade pela primeira vez. Estávamos em um passeio de bicicleta quando, de repente, minha correia estragou. Lutei por algum tempo para arrumar o aparato, sem resultado positivo. Ao meu lado, montado em sua bicicletinha, ele observava calado em meio ao meu nervosismo, quando subitamente a correia se soltou e facilmente voltou para o lugar. Foi nessa hora que eu ouvi a voz suave e firme do meu menino dizendo: *"Pai, eu orei!"* Pude ver, naquele momento, a fé brotando no pequeno coração.

Por fim, concluo salientando que a fé é fortalecida através de uma intimidade com as Escrituras. Como está escrito em Romanos 10:17: *"A fé vem por se ouvir a mensagem, e a mensagem é ouvida mediante a palavra de Cristo."* (NVI) Primeiramente ouvir, depois, ler e meditar na Palavra de Deus. Estas são as práticas que fazem a fé ser bem alicerçada na verdade eterna de Deus, e não apenas em nossos próprios conceitos, pois estes vão mudando no decorrer da vida, enquanto a Bíblia não muda. Por isso a importância desse processo que estabelece e firma a fé em nosso coração e de nossos filhos. E isso já deve começar bem cedo, com a leitura da Palavra feita pelos pais aos filhos. Lembro-me de minha Aurora, que decorou trechos da Palavra ainda muito pequena. Eu mesmo tenho na mente salmos que foram memorizados antes dos cinco anos, os quais nunca esqueci. Recordo-me que em meu tempo de drogado no mundo ainda recitava na cabeça versículos e salmos inteiros, que não me deixavam esquecer das coisas de Deus. Devo isso ao investimento que minha mãe fez nos filhos, quando éramos bem pequenos.

BIBLIOGRAFIA

[1] SPURGEON, Charles Haddon. *O Melhor de C. H. Spurgeon*, pág.35. Curitiba: Editora Luz e Vida, 1997.
[2] LUTZER, Erwin W. *Dez Mentiras Sobre Deus*, pág.17. São Paulo: Editora Vida, 2003.
[3] TOZER, Aiden Wilson. *Mais Perto de Deus*, pág.9. São Paulo: Editora Mundo Cristão, 2007.
[4] HENDRICKS, Howard G.; HENDRICKS, William D. *Vivendo Na Palavra*, pág.192. 3.ed. São Paulo: Editora Batista Regular, 2001.
[5] LEWIS, C. S. *Cristianismo Puro e Simples*, pág.72. 3.ed. São Paulo: Editora WMF Martins Fontes, 2009.
[6] DUEWEL, Wesley L. *A Oração Poderosa Que Prevalece*. São Paulo: Editora Candeia, 1994.
[7] IRMÃO ANDRÉ; WILLIAMS, Susan DeVore. *E Deus Mudou de Ideia*, pág.31. Belo Horizonte: Editora Atos, 1990.
[8] SPURGEON, Charles H. *O Melhor de C. H. Spurgeon*, pág.37. Curitiba: Editora Luz e Vida, 1997.

2º PRINCÍPIO

BUSCAR A SABEDORIA

"O temor do SENHOR é o princípio do saber, mas os loucos desprezam a sabedoria e o ensino."

Provérbios 1:7

"O temor do SENHOR é o princípio da sabedoria; revelam prudência todos os que o praticam."

Salmo 111:10

"A sabedoria é para a mente o que a saúde é para o corpo."

François Rochefoucauld[1]

Sabedoria pode ser um conceito absolutamente abstrato, se olhado à luz do conhecimento. Mas, quando visto pelo prisma da Bíblia, é possível ver que *"o temor do SENHOR é o princípio da sabedoria."* Esse temor não é medo, e sim um reconhecimento, reverência e respeito por Deus e por tudo o que é de Deus. A Bíblia de Estudo Plenitude amplia o conceito de *temor* com a seguinte asseveração: *"Não é o terror diante de um tirano, mas o tipo de temor e respeito que levará à obediência a Ele (Deus), que é o mais sábio de todos."*[2] A compreensão disto é que leva o ser humano à verdadeira sabedoria, ensinando-o a decidir e a fazer as coisas no tempo e da maneira de Deus.

Algo que precisa estar claro é que sabedoria não é conhecimento. Muitos confundem uma coisa com a outra. Lembro-me de ter lido, em algum lugar, uma simples comparação entre sabedoria e conhecimento de uma forma divertida, a qual dizia que o conhecimento prova que o tomate é uma fruta, já a sabedoria nos orienta a não colocá-lo numa salada de frutas. Assim sendo, sabedoria é, acima de tudo, o desenvolvimento da capacidade de realizar da melhor forma tanto as pequenas quanto as grandes tarefas que nos são apresentadas e que nos desafiam durante a vida.

A sabedoria verdadeira, "a que vem do alto" (Tiago 3:17), é uma virtude crescente no coração humano. É fruto duradouro de algumas ações que vão sendo aprendidas. Por esse motivo, a conquista desta percorre um lento processo, pois se desenvolve junto com experiências decorrentes do crescimento e da maturidade. Por isso, não se pode exigir sabedoria de um menino, pois ela será adquirida com a vida em meio aos desafios, dilemas, conflitos e, principalmente, decisões.

O QUE DESENVOLVE A SABEDORIA?

O primeiro fator é ouvir: *"Sabeis estas coisas, meus amados irmãos. Todo homem, pois, seja pronto para ouvir, tardio para falar, tardio para se irar."* (Tiago 1:19)

Não foi em vão que Deus nos deu dois ouvidos. E é uma das primeiras coisas que se desenvolve em uma criança ainda no ventre materno, o aparelho auditivo.

Todo jovem quer falar. Alguns o fazem compulsivamente. Mas gradativamente devem ser ensinados, com amor e paciência, a ouvir. Jaime Kemp, conselheiro familiar e conferencista para a juventude e família, nos dá uma chave para esta questão tão importante na comunicação entre pais e filhos, que precisa ser aprendida por ambos: *"Escutar não é premeditar aquilo que iremos*

2º princípio: BUSCAR A SABEDORIA

responder, enquanto a outra pessoa ainda está falando; não é interromper os outros em meio à sua comunicação. Escutar é aceitar o que está sendo transmitido sem prejulgamento e sem rejeitar a maneira como a comunicação está sendo feita; é procurar compreender."[3] Pais que buscam ouvir os outros, e também os filhos, desta maneira, ensinam com seu exemplo a importância de escutar para adquirir sabedoria. Os filhos aprendem assim não somente a ouvir a seus pais, mas a todos ao seu redor. Esse é o caminho que afasta a ansiedade, aquieta a alma e conduz o coração para ouvir a Deus. Em Provérbios 1:8-9 está escrito: *"Filho meu, ouve o ensino de teu pai e não deixes a instrução de tua mãe. Porque serão diadema de graça para a tua cabeça e colares, para o teu pescoço."* E é Jesus quem afirma: *"Quem é de Deus ouve as palavras de Deus."* (João 8:47)

Logo que me converti a Cristo, na década 1970, não conseguia falar muito, pois era gago. Qualquer simples resposta a ser dada tornava-se um verdadeiro suplício. Mas Deus usou essa deficiência para me ensinar a ouvir. E isso foi bênção, pois até hoje creio que ouço mais do que falo, e gosto de ouvir.

Também um grande amigo, Donald Stoll, que acompanhou e ainda acompanha minha caminhada, mostrou-me claramente os benefícios de ouvir. De natureza calada, este amigo escutava todos com paciência e, sempre que falava, era algo profundo vindo do coração de Deus. Com ele, pude entender que a sabedoria verdadeira não está no muito falar, mas, sim, em ouvir muito e falar certo. O texto de Tiago citado acima declara que *todo homem, pois, seja pronto para ouvir*. Isso inclui a todos nós.

E não devemos jamais nos esquecer de algumas pérolas no livro de Provérbios que nos servem de advertência neste assunto:

> *"No muito falar não falta transgressão, mas o que modera os lábios é prudente."* (Provérbios 10:19)

"O que guarda a boca conserva a sua alma, mas o que muito abre os lábios a si mesmo se arruína." (Provérbios 13:3)

"O que guarda a boca e a língua guarda a sua alma das angústias." (Provérbios 21:23)

"Tens visto um homem precipitado nas suas palavras? Maior esperança há para o insensato do que para ele." (Provérbios 29:20)

Existe uma época da vida da criança a qual os pais devem saber aproveitar da melhor forma possível. É quando ela gosta de ouvir. É o período em que ainda não fala direito, mas é ávida para que alguém lhe conte histórias, pois está elaborando o imaginário para depois transformá-lo em realidade. Lembro que, muitas vezes, minha filhinha Aurora, nessa fase, esperava-me em casa com um livrinho na mão. Isso sem dúvida a ensinou a ouvir. Quando um filho aprende a ouvir a voz do pai e da mãe, com certeza terá grandes chances de, com rapidez, aprender também a ouvir a voz de Deus.

O segundo é ver: *"O ouvido que ouve e o olho que vê, o SENHOR os fez, tanto um como o outro."* (Provérbios 20:12)

Não foi à toa que Deus também nos deu dois olhos. E a criança no ventre materno, depois de desenvolver os ouvidos, desenvolve os olhos. Isso mostra a importância do ver. E quão importante é, nestes dias, ter olhos cada vez mais atentos. Jesus declarou, em Mateus 6:22-23, que, *"são os olhos a lâmpada do corpo. Se os teus olhos forem bons, todo o teu corpo será luminoso; se, porém, os teus olhos forem maus, todo o teu corpo estará em trevas."* Acredito que o que Jesus falou diz respeito à relevância de nossos olhos, não apenas com relação ao aprendizado do mundo físico ao nosso derredor, mas também, ao aprendizado do mundo espiritual. E, principalmente, do entrelaçamento dessas duas dimensões.

Assim como o ouvido, os olhos fazem a conexão entre o mundo exterior e o interior, capta luz e os transforma em sensações e emoções, tanto físicas quanto espirituais. Por isso, devemos cuidar para que nossos filhos desenvolvam filtros, impedindo que tudo aquilo que é pernicioso e daninho entre em seus corações. Quando há essa atenção, os olhos se tornam um agente poderoso de assimilação e desenvolvimento da sabedoria. Porque olhos bons e sábios são aqueles que olham o mundo com a visão de Deus, isto é, com a expectativa e a perspectiva do eterno. Sobre essa questão está escrito no livro de Jó: *"Fiz uma aliança com meus olhos."* (Jó 31:1)

Isso foi algo que me chamou atenção exatamente quando meu filho André tinha seis anos. Ele estava assistindo a um determinado filme, o qual eu não via maiores problemas. Mas, numa determinada cena em que um dos personagens morria, ele corria para trás da porta para não ver e sentir aquela dor. Ao falar com ele sobre o assunto, entendi o quanto as crianças têm o coração aberto para tudo que seus olhos veem. Walt Whitman assim escreveu: *"Era uma vez uma criança que saía todos os dias e o primeiro objeto para o qual olhava, ela se tornava esse objeto."*[4] E ainda afirma John M. Drescher: *"A criança é toda ouvidos, olhos e poros abertos. Ela é uma superfície de absorção."*[5]

Portanto, é preciso redobrar o cuidado, pois, assim como a sabedoria se desenvolve pelos olhos, a maldade, a imoralidade e o medo também são assimilados através deles. Os olhos têm o poder de gerar sábios ou loucos. Logo, este cuidado inclui literaturas, cinema, internet e tudo mais que os olhos alcançam. *"Tenho a responsabilidade e o dever de, como pai, avaliar as propostas que a mídia oferece e estabelecer limites."* (Jaime Kemp)[6]

O terceiro é meditar: *"Saíra Isaque a meditar no campo, ao cair da tarde."* (Gênesis 24:63)

"No meu leito, quando de ti me recordo, e em ti medito, durante a vigília da noite." (Salmo 63:6)

A meditação é uma das mais importantes ferramentas de crescimento pessoal, apesar de, hoje em dia, ser mais valorizada pelas seitas orientais como uma forma de buscar crescimento espiritual. Desde a antiguidade esta quietude interior, direcionada à divindade, faz com que o homem busque alcançar patamares mais profundos de espiritualidade.

Antes de me converter ao Evangelho, frequentei um templo budista em minha busca por Deus. Lá eu passava horas recitando o "mantra sagrado" que, segundo eles, harmoniza tudo dentro do espírito humano perturbado e triste. *"Quanto mais longa a meditação transcendental, maior o benefício"*, afirmam. Mas isso tudo não passa de uma corrupção do verdadeiro entendimento que devemos ter do assunto meditação. Richard Foster, em seu livro "Celebração da Disciplina", faz, de uma vez por todas, a diferenciação entre a meditação oriental e a meditação cristã quando diz: *"A meditação oriental é uma tentativa para esvaziar a mente; a meditação cristã é uma tentativa para esvaziar a mente a fim de enchê-la. As duas ideias são radicalmente diferentes."*[7]

A meditação de um cristão não pode ser gerada a partir de entendimentos humanos. *"Se cultura fosse sinônimo de sabedoria, biblioteca seria morada de Deus."* (Neimar de Barros)[8] O saber humano e as filosofias seculares não conseguiram levar o homem ao conhecimento do Criador, porque somente a Bíblia está repleta de "Palavras de Vida". Nossa mente pode e precisa buscar compreender as coisas, mas a fonte do que meditamos deve sempre vir de Deus, baseada primeiramente e intensamente em Sua Palavra. Dietrich Bonhoeffer explicou desta maneira:

"... assim como você não analisa as palavras de alguém que você ama, mas aceita-as conforme lhe são ditas, aceite a Palavra da Escritura e pondere-a em seu coração, como fez Maria. Isso é tudo. Isso é meditação."[9] E ainda, John Owen disse: "Medite sobre a Palavra na Palavra."[10] O Salmo 1:1-2 diz: "Bem-aventurado o homem que não anda no conselho dos ímpios, não se detém no caminho dos pecadores, nem se assenta na roda dos escarnecedores. Antes, o seu prazer está na lei do SENHOR, e na sua lei medita de dia e de noite".

"Meditação é memorizar, visualizar e personificar a Palavra de Deus." (Marilyn Hickey)[11] Sendo assim, meditar é uma decisão de nosso caminhar. E isso envolve uma leitura constante e disciplinada da Bíblia. É isso que nos levará, como Jesus disse, a guardar seus mandamentos. Desta maneira, descobriremos como entender e absorver a Palavra Sagrada, na qual devemos meditar de dia e de noite.

COMO MEDITAR?

Todo livro das Escrituras tem uma mensagem, e toda mensagem pode ser entendida. Você não se pergunta, às vezes, se a Bíblia não é apenas um gigantesco enigma? Deus pretendeu que ela fosse uma revelação. A Segunda Carta a Timóteo diz: "Toda Escritura é útil"; isto é, tem propósito e significado. Deus não está brincando de esconde-esconde com você. Ele não o convida para ler a Sua Palavra só para lhe embaraçar e confundir. Ele está muito mais interessado em que você entenda do que você mesmo está. (Howard e William Hendricks)[12]

Quando meditamos na Palavra de Deus, a primeira coisa que temos que prestar atenção é quanto à literalidade. Isto é, o significado literal daquilo que está escrito. Exemplo: "Não matarás"

— quer dizer, de forma absoluta, que não se deve tirar a vida de uma pessoa e pronto. Como está escrito deve ser cumprido. Não importa se é em legítima defesa ou se é um soldado. Se matar, está contra a lei de Deus. Ampliando este entendimento, podemos citar o que diz o Comentário Bíblico Broadman:

> No contexto cultural e religioso em que esta ordem foi dada, ela estava procurando tirar a vida e a morte das mãos do indivíduo, e assegurar que as prerrogativas de vida ou morte deviam permanecer com Deus, por intermédio do povo do pacto. Em ocasiões necessárias, a comunidade haveria de discernir a vontade de Deus, e depois declarar guerra ou pena capital.[13]

A Bíblia é repleta de histórias, ensinos e mandamentos. A literalidade é um entendimento direto das Escrituras Sagradas, que nos ajudam a compreender de uma forma prática a vontade de Deus. Abordei o assunto de não matar, mas sobre qualquer coisa existem ordens divinas de fácil compreensão que nos ajudam a ensinar a verdade, a justiça e o amor de Deus aos nossos filhos e filhas. Lembro-me do quanto ensinei sobre obediência para meus filhos, ainda pequenos, usando a literalidade bíblica.

A segunda coisa que devemos atentar quando meditamos é a interpretação figurada, ou seja, a que é feita por nós mesmos, por meio de livros que lemos ou por intermédio de um interlocutor que a interprete. Daí a importância de irmos às reuniões da igreja local, das células e até mesmo de estarmos em comunhão com irmãos para edificação em retiros e encontros. Em nossa congregação, por exemplo, o discipulado tem muito dessa conotação. Um irmão mais velho ensinando a Palavra de Deus para um irmão mais novo, interpretando o que não é literal, levando--o a compreender o que foi escrito há milhares de anos. Dessa forma, o discípulo é capacitado a ter condições de fazer aplicações práticas no seu dia a dia.

E a terceira e última coisa a buscar, na meditação, é obter revelação. Em tudo que lemos e meditamos, o Espírito Santo vai falar algo especial ao nosso coração. Muitas vezes não tem nada a ver nem com a literalidade nem com a interpretação, e sim com algo totalmente novo que vai preencher alguma lacuna em nosso espírito. *"A revelação bíblica termina no coração."* (Benjamin B. Warfield)[14]

Diante disso, concluo que o hábito da meditação é muito importante, pois, com o tempo e com o auxílio da sabedoria de Deus, vamos aprendendo a aplicar a Palavra em qualquer aspecto prático da vida. E isso é alcançado com eficácia pela meditação, como nos ensina o Salmo 1:2-4:

"Antes, o seu prazer está na lei do SENHOR, e na sua lei **medita** *(meu grifo) de dia e de noite. Ele é como árvore plantada junto a corrente de águas, que, no devido tempo, dá o seu fruto, e cuja folhagem não murcha; e tudo quanto ele faz será bem-sucedido."*

Como se pode ver neste Salmo, meditar na Palavra de Deus traz prosperidade e bênção.

FRUTOS DA SABEDORIA

Os principais frutos da sabedoria do Senhor em nossa vida são muito práticos e fáceis de serem vistos.

O primeiro é a segurança. E, *"segurança não é ausência de perigo, mas a presença de Deus, não importa quais sejam os perigos."* (Anônimo)[15] Quem aprende com Deus se torna capaz e seguro. Dá passos firmes e simples de serem seguidos por outros. Uma pessoa que direciona sua vida debaixo da tutela de Deus cresce seguro. Mesmo sendo jovem, o entendimento divino faz com que as atitudes sejam sólidas e constantes.

O segundo fruto da sabedoria é a orientação. *"A vida do crente é um passeio dirigido, e o habilidoso guia é o guia de Abraão e o nosso guia. Ele conhece o final da jornada em vista e o melhor caminho para chegar lá."* (Fred Mitchell)[16] A busca da sabedoria divina faz com que nosso caminho não seja instável, e sim direcionado, com passos firmes dados na hora certa, da maneira certa. Negócios bem feitos que não precisem ser desfeitos e nem acarretem dívidas impagáveis. Tudo isso é fruto de uma vida bem orientada pelos princípios de Deus. Os loucos deste mundo são desorientados, mas os justos são guiados por Deus. *"Deus promete guiar-nos não para livrar-nos da responsabilidade de pensar."* (John R.W.Stott)[17]

E, por fim, quem busca a sabedoria se torna forte. Forte no caráter, na Palavra e, principalmente, nas ações. Assim era definido Davi, *"... Conheço um filho de Jessé, o belemita, que sabe tocar e é forte e valente, homem de guerra, sisudo em palavras e de boa aparência; o SENHOR é com ele."* (1Samuel 16:18)

Em resumo, é a força da sabedoria na vida de um homem e de uma mulher que os leva sempre pelo caminho certo, da maneira certa, com as coisas certas e, principalmente, com a intensidade correta. O salmo 49:20 diz: *"O homem, revestido de honrarias, mas sem entendimento, é, antes, como os animais, que perecem."* E concluo com mais dois versículos:

"Jovens, eu vos escrevi, porque sois fortes, e a Palavra de Deus permanece em vós, e tendes vencido o Maligno." (1João 2:14)

"Meu é o conselho e a verdadeira sabedoria, eu sou o Entendimento, minha é a fortaleza. Por meu intermédio, reinam os reis, e os príncipes decretam justiça. Por meu intermédio, governam os

2º princípio: **BUSCAR A SABEDORIA**

príncipes, os nobres e todos os juízes da terra. Eu amo os que me amam; os que me procuram me acham. Riquezas e honra estão comigo, bens duráveis e justiça. Melhor é o meu fruto do que o ouro, do que o ouro refinado; e o meu rendimento, melhor do que a prata escolhida. Ando pelo caminho da justiça, no meio das veredas do juízo, para dotar de bens os que me amam e lhes encher os tesouros." (Provérbios 8:14-21)

BIBLIOGRAFIA

[1] BLANCHARD, John. *Pérolas Para a Vida*, pág.353. São Paulo: Editora Vida Nova, 1993.

[2] HAYFORD, Jack W. *Bíblia de Estudo Plenitude*, pág.621. Barueri: Sociedade Bíblica do Brasil, 2002.

[3] BÍBLIA DA FAMÍLIA — NTLH, Estudos de Jaime e Judith Kemp. KEMP, Jaime. *Família — A ideia de Deus: Escutando com os ouvidos e com o coração*, pág.21. Barueri,SP: Sociedade Bíblica do Brasil, 2006.

[4] DRESCHER, John M. *Sete Necessidades Básicas da Criança*, pág.85. 6.ed. São Paulo: Editora Mundo Cristão, 1991.

[5] DRESCHER, John M. *Sete Necessidades Básicas da Criança*, pág.85. 6.ed. São Paulo: Editora Mundo Cristão, 1991.

[6] KEMP, Jaime. *Meu filho cresceu e agora? Convivendo com o adolescente contemporâneo*, pág.133. São Paulo: Hagnos, 2005.

[7] FOSTER, Richard J. *Celebração da Disciplina*, pág.27. 6.ed. São Paulo: Editora Vida, 1995.

[8] SOLONCA, Paulo. *Desabafo*, pág.27. Porto Alegre: Editora Vida Abundante, não datado.

[9] FOSTER, Richard J. *Celebração da Disciplina*, pág.43. 6.ed. São Paulo: Editora Vida, 1995.

[10] BLANCHARD, John. *Pérolas Para a Vida*, pág.237. São Paulo: Editora Vida Nova, 1993.

[11] HICKEY, Marilyn. *Meditação: A Chave Número 1 do Sucesso*, pág.5. Rio de Janeiro: ADHONEP, 1993.

[12] HENDRICKS, Howard G.; HENDRICKS, William D. *Vivendo Na Palavra*, pág.192. 3.ed. São Paulo: Editora Batista Regular, 2001.

[13] ALL-Com ALLEN, Clifton J., ed. ger. *Comentário Bíblico Broadman: Velho Testamento*, Vol.1, pág.491. Trad. Adiel Almeida de Oliveira. Rio de Janeiro: Editora JUERP, 1987.

[14] BLANCHARD, John. *Pérolas Para a Vida*, pág.348. São Paulo: Editora Vida Nova, 1993.

[15] BLANCHARD, John. *Pérolas Para a Vida*, pág.367. São Paulo: Editora Vida Nova, 1993.

[16] BLANCHARD, John. *Pérolas Para a Vida*, pág.121. São Paulo: Editora Vida Nova, 1993.

[17] BLANCHARD, John. *Pérolas Para a Vida*, pág.121. São Paulo: Editora Vida Nova, 1993.

3° PRINCÍPIO

REMIR O TEMPO

> *"... remindo o tempo, porque os dias são maus. Por esta razão, não vos torneis insensatos, mas procurai compreender qual a vontade do Senhor."*
>
> Efésios 5:16-17
>
> *"Não desperdice tempo, pois ele é o elemento principal do qual é composta a vida."*
>
> Benjamin Franklin[1]
>
> *"O tempo é um amigo que nunca espera."*
>
> Asaph Borba

Por essa causa, a Palavra de Deus nos instrui a remir o tempo. O mundo atual desenvolveu de forma sutil, mas intensa, mecanismos que nos fazem jogar o tempo fora sem percebermos. Quando vemos, as horas, os dias, os meses e os anos já se passaram. Alguém disse: *"Mate o tempo, e você estará assassinando a oportunidade."* (Anônimo)[2] Muitos se perdem em um emaranhado de entretenimentos e atividades pouco produtivas, que trazem diversão e até mesmo informação, sem promover, contudo, crescimento e formação duradoura. Temos que aprender a ter o tempo como um amigo que caminha ao nosso lado, às vezes, rápido e, às vezes, bem devagar, mas que nunca para. Pois *"o tempo perdido nunca é encontrado."* (Anônimo)[3]

Na adolescência, eu perdi muito tempo. O mundo, nas ruas e nas drogas, roubou esta época tão importante de desenvolvimento e aprendizado. Mas, graças a Deus, consegui recuperar uma grande parte daquela vida desperdiçada quando Cristo me salvou. Se posso pontuar algo de que fui liberto, de forma imediata, foi da perda de tempo. Fui ajudado por homens que me ensinaram a usar bem o tempo.

Este tempo é dado por Deus de igual forma a todas as pessoas. Todos nós temos o mesmo tempo. Quando vemos alguém bem-sucedido, por certo encontrou a chave da boa administração das horas da vida e do uso correto do seu potencial. Como disse Merrill J. Oster: *"O estabelecimento de alvos é essencial para se progredir na vida. Se você não definir aonde quer ir, sua vida não será desfrutada com direção ou ordem."*[4]

A vida moderna é formatada por horários. Existe uma programação que tem que ser cumprida por todos, querendo ou não. O ônibus, o trem e o avião não esperam por ninguém. O comércio e as repartições públicas têm hora para abrir e fechar. Por isso a importância de aprendermos a administrar o próprio tempo: o antes, o durante e o depois. Dessa forma, não seremos limitados por tudo o que já está estabelecido. Não é à toa que está escrito: *"Tudo tem o seu tempo determinado, e há tempo para todo o propósito debaixo do céu."* (Eclesiastes 3:1)

Minha pergunta, por isso, sempre foi: *Como usar bem o tempo?* A resposta, contudo, foi sendo encontrada com a ampliação e desenvolvimento de meus sonhos e projetos. A administração de uma agenda em longo prazo tem a ver com os objetivos que vamos tendo vida afora. Quanto mais tivermos que lutar por nosso desenvolvimento, por nosso sustento e por nossos alvos, mais teremos que aprender a administrar o precioso tempo. O que, entretanto, faz a diferença é o quanto de nossa energia e potencial nós conseguiremos utilizar por espaço de tempo. *"Os que ousam perder um dia são perigosamente pródigos; os que ousam gastá-lo mal são alucinados."* (Joseph Hall)[5]

3º princípio: **REMIR O TEMPO**

PENSE ANTES DE FAZER

O mundo tem se tornado cada vez mais intuitivo. É mais fácil seguirmos a intuição que temos acerca de tudo e assim realizarmos as coisas de maneira automática do que propriamente pensá-las. Ou podemos também seguir de acordo unicamente com nossa compreensão e entendimento.

Porém, quando paramos antes de realizar uma tarefa ou desafio, quando planejamos primeiro, quando lemos o manual e quando planificamos a atividade, ganhamos tempo e qualidade em tudo o que fazemos. A seguir cito algumas palavras de John Maxwell que vêm reforçar a necessidade que temos de administrar eficazmente a nossa vida:

> A administração da vida começa com a noção adequada do tempo e das escolhas que precisamos fazer para nos tornarmos bons nessa arte. As pessoas que administram a vida fazem coisas que (...) potencializam seu propósito geral na vida, isso propicia o crescimento pessoal; enfatizam seus valores e isso proporciona realização pessoal; maximizam seus pontos fortes e as torna eficazes; aumentam sua alegria, o que também as tornam mais saudáveis; capacitam e orientam outras pessoas e isso contribui para sua produtividade; agregam valor a outras pessoas, o que, por fim, aumenta sua influência.[6]

O processo de planejar antes não é tão rápido quanto o do intuitivo, mas tudo que se faz pensando e planejando fica melhor, pois proporciona a capacidade de poder ensinar a outros, de forma metódica, o que se vai desenvolvendo e aprendendo.

Outra vantagem é que o que se faz é duradouro. O tempo que se gasta para consertar o que se fez rápido e não foi eficiente é muito maior do que o que se gasta para planejar e executar.

O planejamento evita o desgaste de refazer uma mesma atividade ou resolver as consequências que a ação intuitiva causou. Logo, com certeza, será mais produtivo planejar antes. Quando trabalhei em uma rede de TV, por exemplo, tinha muita coisa que eu não sabia fazer, mas, pensando e estudando cada detalhe, fui aprendendo rapidamente e, com isso, de forma concreta, tornei-me um bom técnico.

PRIMEIRO O DEVER, DEPOIS O PRAZER

"Quem escapa de um dever evita um ganho." (Theodore Parker)[7]

A vida é feita de coisas importantes, coisas urgentes e o resto. Nossa tendência é cuidar do resto, deixando as outras duas em segundo e terceiro plano. Das três, o mais difícil é conseguir ver, discernir e cuidar das coisas realmente importantes, pois tendem a ser maiores e de maior comprometimento, enquanto as urgentes se impõem por si mesmas. As coisas importantes normalmente precisam de análise e tempo, porque quase sempre dizem respeito à vida, ao futuro, à profissão e à família. Portanto, as urgentes devem ser encaixadas no dia a dia, mas não podem tomar o lugar das importantes. E o resto é que deve ficar para um terceiro plano. Pois quem aprende a discernir e cuidar das importantes, consegue também administrar as urgentes. O dicionário Houaiss traz alguns outros sinônimos para o verbete "importante", os quais só vêm enriquecer este conceito. São eles: "básico, determinante, essencial, fundamental, indispensável, necessário, primordial, relevante, sério, considerável, precioso, principal, vital."[8]

Mesmo viajando muito eu consegui, no decorrer dos anos, separar estas três ênfases. Quando chego à minha casa, o tempo para a esposa e para os filhos são inegociáveis. Depois vêm as urgências da casa e do ministério e, por último, as diversas atividades que ficam esperando por sua vez. Obviamente que a lâmpada que queima em casa é sempre trocada, assim como providencio o reparo em um modem ou aparelho de nosso estúdio de gravação que estragou. Lembro um dia em que minha filha Aurora me ligou durante uma longa viagem e disse enfática: *"Pai, está na hora de você voltar pra casa."* Logo perguntei: *"Estás com saudade?"* E ela respondeu prontamente: *"Não, pai, é que o chuveiro queimou e estamos tomando banho frio."* Sem dúvida, ao chegar, o conserto foi feito imediatamente. Coisas assim não devem ficar para depois! *"A procrastinação não é apenas a ladra do tempo; é também o sepulcro da oportunidade."* (Anônimo)[9]

EM EQUIPE É MAIS LENTO, MAS RENDE MAIS

"Para ser uma equipe, um grupo precisa ter: uma meta comum, cooperação, comunicação e compromisso." (John Maxwell)[10]

Logo que me casei, escrevi um cântico que diz: *"Quem anda sozinho pode ir mais rápido, mas nem sempre vai mais longe."* Agora posso também acrescentar: *"Quem faz sozinho, faz mais rápido, mas não faz tanto quanto faria em equipe!"*

A tendência ao individualismo é crescente hoje em dia. As mídias sociais iludem através da interatividade solitária, fazendo as pessoas pensarem que se bastam. Mas vida em equipe é outra coisa. É quando escolhemos repartir as atividades com outras pessoas, quase sempre com capacidades diferentes das nossas, que, às vezes, até pensamos não serem tão boas e habilidosas quanto nós. *"Depois que você trabalha e vive com pessoas, logo percebe que sua sobrevivência depende um do outro."* (John Maxwell)[11]

Meu filho toca em uma orquestra. Um violino sozinho bem tocado é lindo, mas, quando se junta a uma orquestra, a força é outra. O conjunto de instrumentos executados sob a condução de um maestro amplia a sonoridade e permite uma música consistente e forte. Assim, a vida em equipe é a vida em sinfonia e sintonia com o outro. É a saudável migração do individual para o coletivo. A carreira solo é bonita, mas as orquestras se sobrepõem. Trabalhar em equipe, acima de tudo, nos faz ganhar e multiplicar o tempo e sem dúvida, é mais eficiente que um homem solitário. Por muitos séculos, por exemplo, o artesão foi a estrela da produção. O sapateiro, o ferreiro, a costureira e o padeiro serviam uma pequena elite nas cidades e vilas. Mas com a revolução industrial, o coletivo se impôs. Muitos servindo e produzindo para inúmeras pessoas. E Deus me deu essa graça de casar-me com alguém que ampliou minha produção, que deixou de ser individual, e acredito que meus filhos ampliarão ainda mais.

> *"Havia um homem totalmente solitário; não tinha filho nem irmão. Trabalhava sem parar! Contudo, os seus olhos não se satisfaziam com a sua riqueza. Ele sequer perguntava: "Para quem estou trabalhando tanto, e por que razão deixo de me divertir?" Isso também é absurdo; é um trabalho por demais ingrato!"* — Eclesiastes 4:8 (NVI)

MANTENHA O SONO E DESCANSO EM DIA

Para muitos dormir é perda de tempo. Aprendi, contudo, no decorrer dos anos, que o sono e o descanso são essenciais para um bom aproveitamento de nosso tempo. Uma noite bem dormida gera atividades bem realizadas, além de manter a boa saúde. *"Em paz me deito e logo pego no sono, porque, SENHOR, só tu me fazes repousar seguro."* (Salmo 4:8)

Os jovens dormem cada vez menos; é o que apontam recentes pesquisas. (www.fundasono.org.br)[12] Depois de um dia cheio, querem ainda ver *e-mails, facebook,* TV ou alguma coisa qualquer de seu interesse. Porém, as atividades no outro dia continuam em sua rotina normal. Escola e trabalho não esperam. Assim, empurram para noite adentro suas atividades, diminuindo horas de sono e prejudicando a si próprios. Por isso, é preciso ter cuidado para que, na gestão do tempo, o sono seja incluído como prioridade.

Anos atrás perdi a voz. A rouquidão era tanta que não conseguia mais cantar e falar corretamente. Foi difícil para mim, que uso a voz para trabalhar, dar continuidade à agenda ministerial e às gravações. Ao consultar uma especialista, fui aconselhado a tirar um repouso vocal baseado em muito sono. Devido ao cansaço e estresse, minhas cordas vocais estavam deixando de funcionar de forma apropriada. Por quinze dias dormi mais de doze horas por dia e, assim, minha voz foi voltando bem devagar. Nunca mais desprezei o sono. Pelo contrário, aprendi a bênção de dormir, não apenas por estar esgotado, mas porque descobri os benefícios que o sono traz. Hoje aproveito todo o descanso que posso ter. Em meio a viagens e correria, aprendi a valorizar o repouso para repor as energias. *"Deito-me e pego no sono; acordo, porque o SENHOR me sustenta."* (Salmo 3:5)

ORGANIZANDO E MELHORANDO A QUALIDADE DO USO DO TEMPO

Quando eu era jovem, um querido amigo me presenteou com a primeira agenda. Isso porque um dia, após conversar com ele sobre minhas muitas dificuldades de organização, ele me deu a instrução de ter sempre uma agendinha à mão. Assim procedi: tudo era anotado e nada ficava para trás. Antes eu esquecia constantemente de compromissos, trabalhos da igreja e da escola, o que, claramente, prejudicavam meu rendimento e desenvolvimento.

Nos dias atuais, as agendas eletrônicas parecem facilitar, mas estão em meio ao emaranhado da internet e do entretenimento, o que pode acabar por dificultar a visualização e, consequentemente, a realização das atividades. Por isso, recomendo uma pequena planilha, uma agenda, que ajude a organizá-las. Como já mencionei, comece a pontuar o que é importante, urgente e, depois, as demais atividades. Deixe sempre um tempo para devoção e meditação. Reafirmo que as urgências que aparecerem serão cada vez menores, quando houver planejamento de atividades e boa utilização do tempo. Isso foi tão útil para mim que, depois de um tempo, minhas agendinhas se tornaram os livros de minhas histórias, músicas e poesias.

Resumidamente, posso concluir dizendo que tempo todos o têm de igual maneira. A diferença está em como usamos nossa energia e potencial com relação a ele. A energia produtiva é a chave.

Lembro-me de um homem que datilografava em uma máquina de escrever, em um cartório no centro de Porto Alegre. Qualquer pessoa hábil fazia uma página em cinco minutos; aquele homem, contudo, fazia em menos de três. Desenvolveu-se de tal modo que sua energia com relação ao tempo era mais bem usada do que a de seus pares. Mas isso só se desenvolve com disciplina, esforço e bons hábitos, que nos levam a aprimorar tudo o que fazemos.

Recordo-me também da Aurora em seus primeiros bloquinhos de cálculos matemáticos do método Kumon. Levava muito tempo para concluir suas tarefas. Hoje, entretanto, em pouco tempo já está tudo pronto. Mesmo sendo uma menina especial, o desenvolvimento metódico de suas habilidades trouxe-lhe um melhor aproveitamento de seu potencial.

"Os grandes homens nunca se queixam de falta de tempo. Alexandre, o Grande e John Wesley realizaram tudo o que fizeram em dias de vinte e quatro horas." (Fred Smith)[13] Concluo com uma citação

3º princípio: **REMIR O TEMPO** 47

de Henry Ford, empresário e industrial americano, que declarou: *"A vida é formada de uma série de experiências. Cada uma delas nos enriquece, mesmo que às vezes seja difícil perceber isso."*[14]

PROCRASTINAÇÃO: UM MAL DO SÉCULO

Procrastinar significa deixar alguma coisa para fazer depois, mas que já poderia ter sido feita hoje. Transferir a realização de algo para outro momento, prorrogando para outra hora ou outro dia, unicamente por falta de motivação. Quase sempre a procrastinação é fruto de uma total falta de vontade em realizar aquilo que temos que fazer. Nos dias de hoje, estudo e trabalho são constantemente alvos desta mazela comportamental. Na Antropologia estuda-se que todo ser vivo foge do esforço e da dor e procura o ócio e o prazer. Pode ser uma bactéria ou um ser humano, criado à imagem e semelhança de Deus, a tendência é a mesma. Procrastinar, tem tudo a ver com adiar o esforço, principalmente nas coisas que dependem só de nós.

Para vencer a procrastinação, o mais importante é aprender, de forma inegociável, a realizar as tarefas pontuando as urgências, prioridades e, depois, o prazer e lazer. Muitas ideias e projetos ficam para trás frente a esse problema.

Além de se ter senso de responsabilidade, temos que firmar tanto em nosso coração quanto no de nossos filhos, que é necessário: ordenar as prioridades em nossas atividades adequando-as ao tempo disponível, cumprir os prazos estabelecidos e, depois, celebrar cada uma das tarefas concluídas. Tudo que começamos temos que terminar na estação certa. Isso deve ser enfatizado já na primeira infância de uma criança. Num exemplo corriqueiro, ensinando aos pequenos a necessidade de aprender a guardar seus brinquedos após usá-los, como tarefa que lhes cabe fazer, e não deve ser postergada. Este cuidado precisa seguir pela vida escolar de nossos filhos afora. Para isso, é importante o acompanhamento de suas tarefas, discutindo, de forma sadia, o tempo para a realização e o prazo para o término de cada uma delas. Isso evita que nosso relacionamento com eles seja baseado em constantes cobranças ou repreensões. Quando aprendem desde pequenos, essa lição eles levarão para a vida toda, em todas as suas atividades.

Meu filho André sempre soube que iria até o final da primeira etapa de seu estudo de violino. Várias vezes enfraqueceu em seu propósito, mas persistiu. Assim, não apenas venceu a primeira, mas quis continuar e foi vencendo cada uma das etapas seguintes, como fruto da persistência inicial. Temos que entender que as grandes conquistas são feitas de pequenas vitórias diárias de perseverança e esforço, direcionados nas diferentes atividades do desenvolvimento e da realização. Dei meu próprio exemplo ao entrar na faculdade com 47 anos e, quatro anos depois, concluir o curso, me graduando em Jornalismo. Não parei nenhum projeto ministerial ou familiar. Pelo contrário, esse tempo de esforço, expandindo os limites, foi de prosperidade e bênção. E dou graças a Deus que me ajudou a vencer a procrastinação, que sempre estava à porta.

BIBLIOGRAFIA

[1] BLANCHARD, John. *Pérolas Para a Vida*, pág.386. São Paulo: Editora Vida Nova, 1993.
[2] BLANCHARD, John. *Pérolas Para a Vida*, pág.386. São Paulo: Editora Vida Nova, 1993.
[3] BLANCHARD, John. *Pérolas Para a Vida*, pág.386. São Paulo: Editora Vida Nova, 1993.
[4] OSTER, Merrill J. *Tornando-se Um Homem de Honra*, pág.26. Reimpressão. São Paulo: Editora Candeia, 2001.
[5] BLANCHARD, John. *Pérolas Para a Vida*, pág.386. São Paulo: Editora Vida Nova, 1993.

3º princípio: REMIR O TEMPO

[6] MAXWELL, John C. *O Livro de Ouro da Liderança*, pág.134. Rio de Janeiro: Thomas Nelson Brasil, 2008.
[7] BLANCHARD, John. *Pérolas Para a Vida*, pág.117. São Paulo: Editora Vida Nova, 1993.
[8] INSTITUTO ANTÔNIO HOUAISS. *Dicionário Houaiss: sinônimos e antônimos* / [Instituto Antônio Houaiss; diretor de projeto Mauro de Salles Villar]. 3.ed. São Paulo: Publifolha, 2011.
[9] BLANCHARD, John. *Pérolas Para a Vida*, pág.322. São Paulo: Editora Vida Nova, 1993.
[10] MAXWELL, John C. *Desenvolvendo Líderes em Sua Equipe de Trabalho*, pág.171. São Paulo: Editora Mundo Cristão, 2004.
[11] MAXWELL, John C. *Desenvolvendo Líderes em Sua Equipe de Trabalho*, pág.174. São Paulo: Editora Mundo Cristão, 2004.
[12] FUNDASONO. *Pesquisas Científicas/ Qualidade do sono em jovens universitários*. Disponível em: <http://www.fundasono.org.br/gera_conteudo.asp?materiaID=435>. Acesso em: 7 de abril de 2016.
[13] BLANCHARD, John. *Pérolas Para a Vida*, pág.388. São Paulo: Editora Vida Nova, 1993.
[14] EDISON, Thomas; FORD, Henry. *The Edison & Ford Quote Book*, pág.39. Fort Myers: Edison & Ford Winter Estates, 2004.

4º PRINCÍPIO

DESENVOLVER OS DONS E TALENTOS

> "E a graça foi concedida a cada um de nós segundo a proporção do dom de Cristo. Por isso, diz: Quando ele subiu às alturas, levou cativo o cativeiro e concedeu dons aos homens."
>
> Efésios 4:7-8

> "É preferível uma coisa bem feita a muitas mal feitas."
>
> D.L. Moody[1]

Cada pessoa nasce com capacidades dadas por Deus que direcionarão a vida e a carreira. A criança vem a este mundo com muitos dons e habilidades naturais. Comprovadamente, algumas habilidades são até mesmo genéticas. São desenvolvidas desde os primeiros passos e todos logo as percebem.

Um ouvido privilegiado, por exemplo, é fácil de ser visto. Como foi o caso do meu filho André. Com pouco mais de um ano de idade, já cantava afinado muitas músicas. Isso nos levou a direcioná-lo ao estudo do violino, e da música em geral, com apenas quatro anos.

Outras capacidades, entretanto, são mais difíceis de serem notadas, mas, por certo, surgirão no decorrer da vida,

4º princípio: DESENVOLVER OS DONS E TALENTOS

principalmente, quando precisarmos delas. No meu caso, eu comecei a escrever aos cinquenta anos, depois de me formar em Jornalismo. Em outras épocas, desenvolvi a música, depois fotografia, assim como aprendi a falar em público, e outras coisas mais que foram desabrochando com a maturidade.

À medida que os talentos vão surgindo, devem ser aperfeiçoados a fim de agregarem valor ao desenvolvimento pessoal e profissional. E isso, sem dúvida, exige esforço, tempo e dedicação. Sobre isso, Merrill J. Oster diz: *"Seja aberto à aprendizagem. Você crescerá de muitas maneiras, muito mais depressa do que aqueles que pensam saber tudo."*[2]

Se olharmos atentamente na Bíblia, veremos que Deus espera que todos prosperemos, não importando quantos, os talentos que Ele nos dá. Acredito que a parábola descrita em Mateus 25:14-30, onde o senhor premia aquele que prospera o que dele recebeu para administrar e repreende ao que nada fez, pode ser aplicada a tudo o que Deus nos concede, e não somente aos bens materiais. Uma das fontes de frustração em uma pessoa é, sem dúvida, quando alguma capacidade ou dom natural acabam por serem enterrados no decorrer da vida. Ali, uma parte do que a pessoa é, um pedaço de sua própria essência é anulada e amortecida, gerando sentimentos de incapacidade que, com certeza, afetarão outras áreas de sua atuação. Um escritor frustrado vai carregar isso constantemente, assim como um músico ou um pintor, que deixou o seu talento para trás. Por isso, constantemente, é necessário ter-se atitudes corretas com respeito a nossos dons, pois não é em vão que os recebemos. Isso ajudará a potencializar o seu uso pela vida afora. *"Tudo quanto Deus confia aos cuidados de alguém, Ele o faz na expectativa de que seja usado para a Sua glória."* (Allen W. Graves)[3]

DESCOBRINDO OS TALENTOS

"Os talentos são tão variados quanto os indivíduos. O que alguém gosta mais de fazer e o que pode fazer melhor serve, muitas vezes, como chave para o encontro de uma carreira." (Allen W. Graves)[4]

À medida que crescemos, vamos descobrindo nossos talentos. Alguns são plenamente visíveis, mas outros têm de ser descobertos, pois estão escondidos dentro da personalidade, criação e do contexto social. É o caso, por exemplo, de um menino tímido que tem dificuldade de cantar e de se expressar, ou de declamar uma poesia e, por isso, não consegue com facilidade expor suas habilidades. Também podemos citar uma criança que gosta de cantar ou tocar em latas e panelas, ou anda pela casa assoprando qualquer coisa barulhenta e por isso é inibida por proibições ou gritos de pai e mãe, ou irmãos, sem dúvida terá dificuldades para desenvolver-se.

Descobrir é destapar e, quase sempre, precisa de alguém de fora para fazê-lo. Essa é uma das grandes missões de um pai: descobrir as habilidades de um filho. E isso acontece com o convívio, com o ouvir com atenção os barulhos e sons de um menino ou menina.

Eu levava meus filhos para a escola e, desde muito cedo, ouvia a voz afinadinha de meu menino cantando os cânticos no banco de trás do carro. Também cantava com ele na hora de dormir. O pequeno violãozinho e o saxofone de plástico estavam sempre presentes fazendo barulhos que acompanhavam a cantoria. Logo fui identificando suas preferências e habilidades para música.

Outras aptidões também serão vistas pela convivência lúdica com os filhos ainda pequenos. Entendo a necessidade de sociabilização, a relevância pedagógica, e a busca de sustento e realizações pessoais, além do lar, por parte dos pais e também das mães, que levam a encaminhar as crianças para creches e escolas de educação infantil mais cedo do que antigamente; porém, precisamos avaliar essa questão com muita sabedoria, para que não haja prejuízo no desenvolvimento delas pela perda da riqueza do convívio familiar. Lembrando que, a primeira infância é a base para todas as aprendizagens humanas, os pais precisam dispor de tempo para estar com os filhos qualitativamente, isto é, tempo com eles e para eles. As atividades fora de casa, tanto por parte dos pais como dos filhos, não podem impedir a convivência e a descoberta das habilidades e talentos deles. Tomo emprestadas as palavras do saudoso Dr. Myles Munroe: *"O aborto do potencial é a morte do futuro."*[5] Quando isso acontece, uma preciosa joia se perde.

DIRECIONANDO OS TALENTOS

Os dons naturais, que também chamamos de talentos, devem ser descobertos o mais cedo possível. O convívio e a interação são importantes para a descoberta de talentos e aptidões. Como já mencionei, desde muito cedo, nossa filha Aurora memorizava textos da Bíblia. Chegou a decorar mais de uma dezena deles muito antes de descobrirmos sua síndrome. E foi justamente essa capacidade de memorização que a levou a se desenvolver na escola. A descoberta precoce dessa aptidão foi chave para seu crescimento, mesmo sendo portadora de uma síndrome genética.

Existem aptidões que só quando prosperadas na infância se desenvolverão plenamente. Tanto nos esportes — como futebol, ginástica, atletismo, entre outros — quanto na música, o desenvolvimento da excelência está totalmente ligado com a época do início da aprendizagem. Por isso, ao descobrirmos um talento, devemos direcioná-lo para o correto desenvolvimento e aperfeiçoamento.

Allen W. Graves, em seu livro "Cristo Em Minha Carreira Profissional", faz a seguinte afirmação:

Os talentos geralmente se enquadram em certas categorias e habilitam as pessoas para serviço em qualquer grupo de ocupações relacionadas, que os conselheiros vocacionais chamam de "famílias de ocupações" (...). Um jovem que goste de lidar com pessoas poderá ser excelente administrador de empresa, um negociante, um professor ou um funcionário de serviço social.[6]

DESENVOLVENDO OS TALENTOS

O desenvolvimento dos diversos talentos de uma pessoa, principalmente nos primeiros anos de vida, está relacionado diretamente com o aprendizado direcionado. Uma criança que mostre capacidade musical pode ser incentivada cantando com sua mãe em casa, porém um estudo metódico e constante, mesmo que de forma simples, dará a este menino ou menina o ambiente necessário para um desenvolvimento mais amplo de sua capacidade.

Até mesmo uma criança que não apresente habilidade visível para algo, se essa for estimulada corretamente e de forma metódica, poderá surpreender. Thomas Alva Edison declarou com toda a experiência de vida de um grande inventor e empresário: *"Boa fortuna é o que acontece quando preparação encontra oportunidade."*[7] Isso quer dizer que uma pessoa que desenvolve seus talentos está preparada para quando as oportunidades aparecem.

A perseverança é outro aspecto primordial nesse processo. A criança por si mesma, não tem essa virtude. A perseverança é mais dos pais do que dos filhos. Pais perseverantes, quase sempre, geram filhos com essa estirpe, assim como o contrário também é verdadeiro. A necessidade de perseverar e ser diligente no estudo do violino versus o imediatismo e a procrastinação, já na infância eram lutas enfrentadas por meu filho André. Somando a isso, as condições climáticas, como o frio intenso do inverno

4º princípio: DESENVOLVER OS DONS E TALENTOS

gaúcho e as chuvas, tendo aulas cedo de manhã e longe de casa, pareciam tornar impossível a continuidade da atividade. Mas nós, pai e mãe, com o apoio da avó materna, fomos perseverantes junto com ele por todos esses anos, ajudando a desenvolver seu talento musical até vê-lo chegar bem preparado à universidade. Nossa atitude foi fundamental para dar continuidade ao seu estudo, aprimorando seu talento.

Tenho visto crianças, ao nosso derredor, desistindo de sonhos e projetos de estudo e desenvolvimento por falta de perseverança de seus cuidadores. Esta, como já referido, quando não encontrada nos pais, não será vista tampouco nos filhos.

Perseverança é também um ingrediente essencial na elaboração de rotinas que levam à realização de atividades constantes e repetitivas, o que ajuda na formação de hábitos. *"A raiz de toda constância está na consagração a Deus."* (Alexander Mac Laren)[8] Quando existe consagração e dedicação desse talento ao Senhor fica mais fácil perseverar no seu desenvolvimento.

UTILIZANDO OS TALENTOS

A utilização de um talento é progressiva. Uma criança, por mais genial que seja, não conseguirá utilizar com intensidade seus talentos. Apenas quando estes estiverem desenvolvidos plenamente é que poderão se tornar então, uma profissão e fonte de renda. Já dizia Thomas Edison: *"O gênio é um por cento de inspiração e noventa e nove por cento de transpiração."*[9] Uma criança que toca piano ou violão, ou uma menina que dança graciosamente, ou um pequeno cozinheiro, ou pintor terá um longo caminho a percorrer para que essa sua aptidão amadureça. Entretanto, esta caminhada pode ser melhor trilhada ao se seguir algumas pequenas diretrizes, que experimentei em relação as minhas aptidões, tais como pontuo a seguir:

Os talentos como fonte de realização e prazer

A criança tem que ser levada a ter prazer em tocar seu instrumento, em cantar, em pintar ou em fazer qualquer outra coisa para qual tenha aptidão. Minha mãe, em toda sua simplicidade, fazia-nos cantar o tempo todo. Por isso, não foi difícil gostar de cantar a ponto de me tornar, entre outras coisas, cantor, mesmo sem ter uma voz excepcional. Cantar é um dos meus maiores prazeres. Tempos difíceis e de tristeza foram aqueles em que tive que parar de cantar por motivos de saúde. O uso de nossos talentos e o seu desenvolvimento trazem satisfação e alegria. Como disse Allen W. Graves: *"Estudos científicos têm revelado que a felicidade e o êxito vocacional de uma pessoa estão relacionados com a atitude geral com a vida e para com as oportunidades para o desenvolvimento e progresso como pessoa."*[10]

Os talentos como fontes de recursos e sustento

Chega, contudo, o dia em que aquilo que era um prazer de criança, uma brincadeira divertida pode se tornar uma profissão. Como foi no meu caso. Mesmo minha música tendo uma conotação religiosa por vocação, pois só canto, toco e componho para Deus, essa é também uma das minhas profissões. Mesmo sendo jornalista formado, meus principais recursos vêm através dos discos, direitos autorais e de eventos, quase sempre cantando e tocando as músicas que compus no decorrer desses quarenta anos. O que aconteceu é que o prazer e a realização de fazer algo, que foi desenvolvido e devidamente direcionado na infância e adolescência, não pararam de crescer e se desenvolver na vida adulta. Eis alguns textos bíblicos que servem de reforço a este princípio:

"Em todo trabalho árduo há proveito..." (Provérbios 14:23)

4º princípio: DESENVOLVER OS DONS E TALENTOS

> *"Os planos do diligente tendem à abundância..."* (Provérbios 21:5)

> *"...Contudo, vos exortamos, irmãos, a progredirdes cada vez mais e a diligenciardes por viver tranquilamente, cuidar do que é vosso e trabalhar com as próprias mãos, como vos ordenamos; de modo que vos porteis com dignidade para com os de fora e de nada venhais a precisar."* (1Tessalonicenses 4:10-12)

Os talentos como fontes de bênção para outros

Nada, porém, dá-nos maior prazer do que ver nossos talentos e dons sendo bênção e ajudando outras pessoas. Sinto-me assim constantemente e creio que devemos buscar isto em qualquer profissão: servir com amor aos outros. Mesmo um bom servente de pedreiro pode ter essa visão ao ajudar a construir uma casa. A ausência dessa visão empobrece o trabalho. Portanto, devemos ter orgulho de fazer o que fazemos para embelezar, fortalecer, ensinar, ajudar, liberar, defender, curar, construir, guiar, orientar ou informar outras pessoas, e sempre da melhor forma possível.

Finalizo, citando o Dr. Myles Munroe:

> O trabalho é um presente de Deus. Todas as tarefas dadas por Deus exigiram trabalho. Noé trabalhou para construir a arca (Gn 6). José trabalhou para sustentar os egípcios durante a fome de sete anos (41:41). Salomão trabalhou para construir o templo (2Cr 2:4). O desejo de cada um em fazer o trabalho dado por Deus trouxe bênçãos para si mesmo e para os outros.[11]

BIBLIOGRAFIA

[1] JENKINS, Jerry. *Aos Filhos Com Carinho*, pág.122. São Paulo: Editora Vida, 1995.

[2] OSTER, Merill J. *Tornando-se Um Homem de Honra*, pág.43. São Paulo: Editora Candeia, 1988.
[3] GRAVES, Allen W. *Cristo Em Minha Carreira Profissional*, pág.12. Rio de Janeiro: Editora JUERP, 1979.
[4] GRAVES, Allen W. *Cristo Em Minha Carreira Profissional*, pág.42. Rio de Janeiro: Editora JUERP, 1979.
[5] MUNROE, Myles. *Liberando o Seu Potencial*, pág.29. Brasília: Editora Koinonia, 1998.
[6] GRAVES, Allen W. *Cristo Em Minha Carreira Profissional*, págs.42,43. Rio de Janeiro: Editora JUERP, 1979.
[7] EDISON, Thomas; FORD, Henry. *The Edison & Ford Quote Book*, pág.6. Fort Myers: Edison & Ford Winter Estates, 2004.
[8] BLANCHARD, John. *Pérolas Para a Vida*, pág.300. São Paulo: Editora Vida Nova, 1993.
[9] MUNROE, Myles. *Liberando o Seu Potencial*, pág.138. Brasília: Editora Koinonia, 1998.
[10] GRAVES, Allen W. *Cristo Em Minha Carreira Profissional*, pág.46. Rio de Janeiro: Editora JUERP, 1979.
[11] MUNROE, Myles. *Liberando o Seu Potencial*, pág.148. Brasília: Editora Koinonia, 1998.

5º PRINCÍPIO

SER PACIENTE

> *"Sede, pois, irmãos, pacientes, até à vinda do Senhor. Eis que o lavrador aguarda com paciência o precioso fruto da terra, até receber as primeiras e as últimas chuvas. Sede vós também pacientes e fortalecei o vosso coração, pois a vinda do Senhor está próxima."*
>
> Tiago 5:7-8

> *"A paciência bíblica não está arraigada no fatalismo que afirma estar tudo fora de controle. Está arraigada na fé que afirma estar tudo sob o controle de Deus."*
>
> Anônimo[1]

Começo afirmando e confessando que essa virtude ainda é um desafio para mim e, justamente por isso, não pode ficar de fora dessa lista. Mesmo ainda falhando nesse quesito, posso ver, a cada dia, o quanto ele é importante para o desenvolvimento e, principalmente, para o crescimento espiritual tanto meu como de qualquer pessoa. Entendo que quanto mais cedo se desenvolve a paciência, mais frutos ela traz em nossa vida. Pois estou certo de que é verdadeira a afirmação: *"A espera paciente é muitas vezes a maneira mais elevada de fazer a vontade de Deus."* (Jeremy Collier)[2]

Sabemos que à luz da Etimologia, ciência que estuda a formação e as fontes originais das palavras, paciência vem do latim *patenteia*. Entretanto, na língua portuguesa essa palavra faz a interessante junção de paz e ciência — que nos ajuda na elaboração da compreensão da mesma. Paciência, debaixo deste prisma, é: conhecer, entender e esperar em paz em meio às mais adversas circunstâncias da vida. É compreender que tudo tem o tempo certo, como afirma Eclesiastes 3:1-8. Quando aprendemos isso, a vida se torna tranquila e feliz. Por isso, almejo que cada um dos leitores aprenda esse princípio bem mais rápido do que eu. A paciência é uma escola, onde se aprende até na espera, pois: *"Muitas vezes, esperar uma resposta faz parte da resposta."* (J. Blanchard)[3]

A paciência nos leva a entender as estações. O Criador formou todas as coisas para existirem em sua plenitude em um determinado tempo. Por exemplo, o trigo é plantado no Brasil no outono e é colhido no final da primavera, quando se começa, então, o plantio da soja. Na vida, tudo é assim. Como acontece no meio agrícola, não adianta querermos colher alguma coisa antes da hora. Os campos semeados têm a hora certa para amadurecer. A chuva, o frio, os ventos e o calor, tudo contribui para o processo de maturação. E é exatamente o que tanto Tiago, irmão do Senhor, em Tiago 5:7-8, quanto Salomão, filho de Davi, em Eclesiastes 3:1-8 estão enfatizando nos dois textos já citados anteriormente. Ou seja, que existem coisas que não dependem somente de nós, mas que já possuem seu cronograma próprio e que precisamos nos ajustar a ele e não o contrário. E quando queremos o contrário, é exatamente aí que surgem a maior parte das nossas crises existenciais.

Como pai, estou ainda tendo que aprender as diferentes estações dos filhos. Recentemente vi meu filho, já universitário, comprando uma pistola de brincadeira, chamada *NERF*, e ligando para o primo da mesma idade, para perguntar se ele queria uma também. A princípio eu o recriminei, mas, meditando sobre o assunto, acabei entendendo que até mesmo algo assim ainda

5º princípio: SER PACIENTE

faz parte dessa estação de sua vida. Só a paciência nos faz esperar em paz a mudança de cada uma das estações na vida de nossos filhos. Paciência é também fruto de fé — Quem confia em Deus é paciente, pois crê que *"todas as coisas cooperam para o bem daqueles que amam a Deus."* (Romanos 8:28) Quem verdadeiramente acredita na soberania de Deus aprende a descansar no exercício de sua fé. *"Não deixamos lugar para a fé se esperamos que Deus cumpra imediatamente o que promete."* (João Calvino)[4]

Além disso, paciência é fruto de amor — Quem ama, espera. Como já mencionado, nossa filha Aurora é uma menina excepcional, por ser portadora da síndrome de Prader-Willi. Por essa razão, faz tudo mais devagar. Leva o dobro de tempo para realizar suas tarefas, por mais simples que sejam. Então, tivemos que desenvolver a paciência em nossa casa, não apenas pela necessidade, mas pelo tanto que a amamos. Decidimos que ela não ficaria para trás. Esperaremos sempre por ela, na velocidade que pode andar e realizar as coisas, ajudando a desenvolvê-la. A paciência, regida pelo amor, nos ensina que as pessoas podem realizar as mesmas funções, porém de formas distintas e com velocidades diferentes. É ela que nos leva a compreender e conviver com os limites de nosso próximo e com os nossos. E é assim que aprenderemos também a ver a riqueza de cada um.

Quando casei tive dificuldade de aceitar o fato de minha esposa Rosana buscar fazer todas as coisas da melhor maneira. Eu fui criado tendo meu padrão no "mais simples", o que me ajudou em muita coisa, até mesmo a sobreviver no contexto difícil de minha criação. Mas, Rosana sempre quer fazer o melhor possível. O pacote de presente precisava ser bonito e bem dobradinho, quando para mim, um saco plástico apresentável era suficiente. Depois de mais de trinta anos de casado, aprendi a tirar proveito dessa virtude, sabendo que a vida pode ser mesclada entre o meu padrão e o dela. Contudo, creio que ela teve que ter mais paciência comigo do que eu com ela.

Listo alguns textos que servem de inspiração para o cultivo da paciência em nossas vidas:

"Melhor é o fim das coisas do que o seu princípio; melhor é o paciente do que o arrogante." (Eclesiastes 7:8)

"O longânimo é grande em entendimento, mas o de ânimo precipitado exalta a loucura." (Provérbios 14:29)

"Exortamo-vos, também, irmãos, a que admoesteis os insubmissos, consoleis os desanimados, ampareis os fracos, e sejais longânimos para com todos." (1Tessalonicenses 5:14)

CHAVES PARA O DESENVOLVIMENTO DA PACIÊNCIA

A paciência não pode ser imposta. Tem que ser uma atitude gerada como fruto do caráter e da vontade. Desenvolve-se quando submetemos, de maneira atenta, nossa vontade não apenas às estações e circunstâncias impostas pela vida, mas também ao que cremos ser a boa, agradável e perfeita vontade de Deus. Dessa forma, aprendemos a esperar a hora certa de agir e reagir, fazendo da impulsividade algo pontual, eventual, e não corriqueiro. O imediatismo é típico das crianças e do caráter imaturo. Um exemplo disso é a fome de um bebê, que tem que ter resposta imediata no bico de um seio ou mamadeira. Para os adultos, entretanto, o processo é diferente. Quando temos fome, pegamos uma condução, vamos até o restaurante e, então, escolhemos uma comida deliciosa, que chega à mesa depois de 30 ou 40 minutos. Se, porventura, o restaurante tiver bufê livre, temos que respeitar as filas. Até em casa há um processo de espera para nos alimentarmos, ainda que mais curto.

5º princípio: SER PACIENTE

Adicionalmente, a paciência é a mãe do planejamento e da estratégia. Dessa forma, realizamos mais lentamente, mas produzimos e vivemos melhor. O planejamento tem a virtude de agregar não apenas o meu entendimento e conhecimento, mas também a experiência de outras pessoas. Planejar é, debaixo de critérios, expandir uma ideia. É buscar o melhor caminho para atingir os alvos. É a virtude de pôr os sonhos na planilha.

No meu caso, eu fui intuitivo na maior parte da minha vida, aspecto de meu caráter com o qual ainda luto. Entretanto, depois de quatro anos na faculdade de Jornalismo, tive que aprender a planejar. Deixei de vez a realização de coisas de última hora. Cada trabalho foi escrito, gravado, editado e compartilhado a seu tempo. Um vídeo clipe de seis minutos tinha mais de seiscentas imagens, de no máximo quatro ou cinco segundos, para serem colocadas no lugar certo. Para cada minuto, foram dois dias de trabalho, só de edição. Sem falar em roteiro e gravações. Mas tudo era aprendizado e ficou mais claro para mim que quando há planejamento, o produto final, quase sempre, beira a excelência.

E, por fim, a paciência é, acima de tudo, um fruto do Espírito Santo em nossa vida (Gálatas 5:22). Quem pede a Deus por mais paciência em sua vida seguramente a recebe.

BIBLIOGRAFIA

[1] BLANCHARD, John. *Pérolas Para a Vida*, pág.283. São Paulo: Editora Vida Nova, 1993.
[2] BLANCHARD, John. *Pérolas Para a Vida*, pág.283. São Paulo: Editora Vida Nova, 1993.
[3] BLANCHARD, John. *Pérolas Para a Vida*, pág.283. São Paulo: Editora Vida Nova, 1993.
[4] BLANCHARD, John. *Pérolas Para a Vida*, pág.283. São Paulo: Editora Vida Nova, 1993.

6º PRINCÍPIO

FAZER DAS LIMITAÇÕES UM DESAFIO

"Mas a vereda dos justos é como a luz da aurora, que vai brilhando mais e mais até ser dia perfeito. O caminho dos perversos é como a escuridão; nem sabem eles em que tropeçam."

Provérbios 4:18-19

"Alarga o espaço da tua tenda; estenda-se o toldo da tua habitação; e não o impeças; alonga as tuas cordas, e firma bem as tuas estacas."

Isaías 54:2

Temos, no decorrer da vida, diferentes tipos de limites ou limitações. Existem aqueles de ordem natural, como a lei da gravidade, o frio ou calor. Existem outros, que nos trazem segurança e estabilidade e nos ensinam a conviver bem em sociedade, que são, em sua maioria, em forma de regras, normas e leis constitucionais. Acrescento também as leis de Deus, que são limites que nos ajudam a viver Seu padrão neste mundo. Há ainda aqueles que são circunstanciais e temporários, colocados pelos pais, professores ou pelas pessoas ao nosso derredor, dentro e fora do convívio. Exemplo disso é quando a professora, durante

6º princípio: FAZER DAS LIMITAÇÕES UM DESAFIO

uma aula, adverte o aluno: *"Pare de conversar e preste a atenção, menino!"* Todavia os limites que quero abordar aqui são de outra natureza. São aqueles que encontramos dentro de nós, com os quais vamos nos deparando no decorrer da vida.

Quando eu era garoto, fazia ginástica olímpica no Colégio Militar onde estudava. A cada aula tinha que quebrar meus próprios limites físicos. Abertura de pernas, altura de saltos e piruetas de todos os tipos eram os constantes desafios. Lutava contra minha condição física ainda em formação que, apesar de uma certa habilidade, não tinha suficiente força muscular para as atividades e desafios. A coordenação e os reflexos ainda estavam sendo desenvolvidos, bem como os músculos franzinos pareciam fazer com que meu corpo lutasse constantemente para transpor cada etapa. Acabei por desistir de ser um ginasta no confronto das exigências com os limites.

Porém, é possível vencer limitações, adequando as exigências às possibilidades individuais, se houver persistência e esforço, e também um bom estímulo de um pai, professor ou responsável. Pude ver isso com clareza acompanhando a formação musical de muitas crianças com as quais Rosana, minha esposa, trabalhou durante anos. Nem todas tinham aptidão musical e algumas apresentavam problemas de aprendizagem. Entretanto, todas concluíam o projeto, aprendendo a ler partituras e tocar flauta doce. O empenho da professora, o apoio dos pais e o esforço de cada aluno tornavam possível vencer os obstáculos e superar os limites individuais. Alguns aprenderam a estudar disciplinadamente, outros romperam com a timidez. Alguns conseguiram se relacionar melhor em grupo, outros aumentaram a autoestima. E alguns, até acabaram obtendo a vitória sobre suas dificuldades de aprendizagem. O certo é que todos superaram limitações e foram além!

Os padrões de perfeição e excelência, que já foram atingidos por alguém nas mais diversas áreas do desempenho humano, são bem altos e podem parecer até mesmo impossíveis de serem atingidos. Mas assim é a vida. Ninguém nasce sabendo. Tudo passa por um processo e é aprendido a partir dos desafios e alvos a serem alcançados e superados em qualquer área.

O sonho de todo atleta é quebrar um recorde. Porém, para muitos deles estes recordes são o fim, o limite. Contudo, para outros, são o início de uma jornada de desafios a serem vencidos com esforço e perseverança. O apóstolo Paulo utiliza exatamente essa figura, quando ensina os discípulos sobre ter uma vida com objetivo e perseverança: *"Não sabeis vós que os que correm no estádio, todos, na verdade, correm, mas um só leva o prêmio? Correi de tal maneira que o alcanceis."* (1Coríntios 9:24)

CONHECENDO AS PRÓPRIAS LIMITAÇÕES

A Bíblia apresenta o homem e sua natureza cheia de limitações.

A Palavra de Deus afirma categoricamente que *"enganoso é o coração, mais do que todas as coisas, e desesperadamente corrupto."* (Jeremias 17:9) O Salmo 103:15 declara que: *"quanto ao homem, os seus dias são como a relva; como a flor do campo, assim ele floresce; pois, soprando nela o vento, desaparece; e não conhecerá, daí em diante, o seu lugar."* O verso anterior a este diz: *"Pois ele conhece a nossa estrutura; e sabe que somos pó."* Também no livro de Atos dos Apóstolos, lemos: *"De um só fez toda a raça humana para habitar sobre toda a face da terra, havendo fixado os tempos previamente estabelecidos e os limites da sua habitação."* (Atos 17:26) Assim podemos, através dos textos sagrados, conhecer muitas das nossas limitações como seres humanos e o quanto precisamos constantemente de Deus.

Também, outra forma de conhecermos os nossos limites é através do aprendizado. Alguém já disse: *"Ter consciência da*

6º princípio: **FAZER DAS LIMITAÇÕES UM DESAFIO**

própria ignorância é um grande passo na direção do conhecimento." (Anônimo)[1]

Leitura, audição, e constante observação nos ajudam a ver o que já foi realizado pelo homem no decorrer da história e, mesmo que tenhamos capacidade e talento, ainda há muito que alcançar. Quando fui pela primeira vez aos Estados Unidos da América para gravar meu primeiro disco, eu ficava por horas dentro do estúdio ouvindo as gravações dos músicos cristãos daquela época, sonhando com uma sonoridade muito além dos meus limites e canções que parecia impossível ser composto algo semelhante por mim. Depois entendi que aquelas inúmeras semanas de audição de discos gravados nos melhores estúdios de Nashville, Chicago, Los Angeles e Nova York se tornaram alvos de desenvolvimento para minhas composições; arranjos e sonoridade, a serem alcançados. E, então, fui além dos meus limites, pois passei a compor novas melodias com harmonias mais elaboradas.

Nunca me esqueci daquele tempo. Hoje, olhando para trás, posso perceber que o conhecer, o manusear e o aprender aquilo que poderia ser feito com novas tecnologias, com trabalho e com o uso do talento, foram primordiais para eu não apenas ver onde eu estava, mas, principalmente, aonde eu queria chegar.

CONQUISTANDO OS ALVOS

Os alvos pessoais são fronteiras imaginárias estabelecidas dentro de nós pela junção de conhecimento, objetivos e força de vontade. Nós sabemos, nós almejamos e nós buscamos. Além disso, quando visualizamos o que não sabíamos e o que nem mesmo sonhávamos, e então passamos a conhecer é que isso, de fato, torna-se objeto da nossa vontade. E com o crescimento deste conhecimento, os desejos e vontades vão fazer com que as fronteiras sejam ampliadas.

As nossas grandes frustações ocorrem exatamente quando o conhecimento e o almejar são obstruídos pela falta do buscar, isto é, da ação do querer. Contudo, quando estes três: conhecimento, objetivos e força de vontade caminham juntos, vencemos as dificuldades e os alvos pessoais são alcançados e conquistados, e então, ampliados. Como disse Thomas Fuller: *"A ação é o fruto adequado do conhecimento."*[2] Aproveito, como cristão, para ressaltar a importância de submetermos nossos alvos pessoais constantemente à vontade de Deus, que é boa, agradável e perfeita, como está escrito em Romanos 12:2.

ULTRAPASSANDO OS LIMITES

As barreiras ou limites naturais podem ser ultrapassados pelo homem? Este desafio tem impulsionado as grandes conquistas da humanidade. Olhando para a história humana, inúmeros limites foram alcançados e deixados para trás. Ao passar dos anos, os recordes de velocidade, de longevidade, de diminuição da mortalidade infantil, de muitas modalidades de atletismo; assim como os limites de altitude nos céus e profundidade nos mares, entre muitos outros, estão sendo ultrapassados. Existe um livro de recordes constantemente atualizado. Isso não acontece por acaso. É fruto do trabalho, dedicação e esforço não apenas do indivíduo envolvido, mas de todos ao seu redor.

Deus fez o homem em família e em comunidade para que uma geração seja a base para a prosperidade da geração seguinte. Por isso, os filhos podem e devem ir além de seus pais. O próprio Cristo identificou essa possibilidade dizendo que nós faríamos coisas maiores do que as que Ele fez (João 14:12), no poder do Espírito Santo. São os pais que devem ser os primeiros a buscarem o desenvolvimento e a prosperidade de seus filhos. Eles devem incentivá-los a ir além deles próprios. Eu mesmo, sem tirar

6º princípio: FAZER DAS LIMITAÇÕES UM DESAFIO

o crédito e o valor do que meu pai fez na vida, posso ver o quanto me desenvolvi e realizei mais do que ele. Assim é minha expectativa para com meus filhos: que ultrapassem meus limites, tanto físicos quanto espirituais.

Quando atingimos uma meta, ela deve se tornar, então, um novo ponto de partida. Devemos manter nossos limites conquistados e partirmos para novos desafios, vencendo as adversidades e crendo que a mão de Deus estará em todo bom propósito, como diz a Bíblia no Salmo 60:12: *"Em Deus faremos proezas."* Por isso, uma chave em cada conquista é não ter pressa em ultrapassá-la até que esteja bem estabelecida a ponto de ser um patamar de onde partiremos para novas realizações.

Outro fator importante é que o ultrapassar limites deve ser não só um ato de alegria, de festa, mas também de responsabilidade. Não pode ser fruto do acaso, e sim de um árduo trabalho de consolidação em qualquer área. Quando se é mais jovem, o desafio é vencer cada etapa escolar, e ainda pode ser aprender um instrumento musical ou ser um bom atleta, entre outras possibilidades, e o desenvolvimento como um todo. Mas, com o amadurecimento, chegam novos desafios como a conquista de um relacionamento, de uma família, de um emprego e de bens materiais, e tudo isso deve ser feito de modo que sejam passos firmes, bem embasados e responsáveis. Porque, de outra forma, será um alvo alcançado, porém não conquistado. Um exemplo disso é: comprar um carro ou qualquer outra coisa e comprometer tudo o que se ganha. Certamente, dessa forma, isso gerará um endividamento. Exatamente por conta desse descuido, infelizmente, o que mais se vê hoje em dia é um contingente enorme de pessoas que compram bens e não conseguem quitá-los. Ou seja, alvos são alcançados, mas não, de fato, conquistados.

VENCENDO O MEDO

O medo, em poucas palavras, são receios e temores naturais, frutos dos limites físicos e psicológicos que têm como fonte o desconhecimento de alguma coisa. Por isso, Jesus disse: *"E conhecereis a verdade, e a verdade vos libertará."* (João 8:32) Assim, pode-se afirmar que a principal maneira de vencer o medo é o conhecimento profundo da verdade. Quando falo de verdade, não estou apenas me referindo à Palavra de Deus, mas a tudo o que tem a ver com autenticidade, realidade, domínio de potenciais, reconhecimento de forças e limites ao nosso derredor. Pois tudo que é escondido, desconhecido e oculto gera medo.

Lembro que nos primeiros anos de meu casamento, por exemplo, eu entrava em pânico no final do mês, evitando olhar minha conta bancária. A luta mensal com as despesas nos fazia chegar ao fim do período sempre nos limites e, algumas vezes, elas os ultrapassavam. Por isso, eu repetia o versículo de João 8:32 para mim mesmo e me enchia de coragem, pois sabia que somente conhecendo a verdade de minha conta é que eu poderia sanar o problema.

Assim é tanto para a criança quanto para o adulto. O medo só é vencido com um conhecimento profundo de causa e consequência sobre o que nos cerca. Antigamente o mundo era apresentado bem devagar aos pequenos. Hoje, ele vem com tudo através da televisão e dos meios de comunicação de massa. À criança, sem compreender o que vê e ouve, resta o sentimento de temor e medo, resultantes desse desconhecimento. *"Uma cabeça cheia de medos não tem espaço para sonhos."* (Caio Fernando Abreu)[3] Precisamos ser livres de quaisquer medos para podermos sonhar e conquistar nossos alvos e projetos.

Sendo assim, fica para os pais a função do ensino da verdade aos filhos, levando-os a compreenderem, ou buscando junto com eles, o como e o porquê de cada assunto para que, assim, o medo e temor envolvidos em cada um destes se dissipem. Sem dúvida, a segurança é o resultado que vem com o conhecimento da verdade.

"Medo são os obstáculos que vemos quando tiramos nossos olhos do alvo", afirma Henry Ford.[4] Precisamos ter nossos olhos em nossos alvos e ensinar isso a nossos filhos, sendo que, como cristãos, o maior deles é buscarmos ter um caráter semelhante ao de Cristo.

BIBLIOGRAFIA

[1] BLANCHARD, John. *Pérolas Para a Vida*, pág.71. São Paulo: Editora Vida Nova, 1993.
[2] BLANCHARD, John. *Pérolas Para a Vida*, pág.71. São Paulo: Editora Vida Nova, 1993.
[3] BEBÊ ATUAL. *Dicas Sobre Família - Bebê*. Disponível em: <http://bebeatual.com/dicas-de-familia>. Acesso em: 9 de abril de 2016.
[4] EDISON, Thomas; FORD, Henry. *The Edison & Ford Quote Book*, pág.50. Fort Myers: Edison & Ford Winter Estates, 2004.

7º PRINCÍPIO

SER PRONTO A PERDOAR E A PEDIR PERDÃO

"... e perdoa-nos as nossas dívidas, assim como nós temos perdoado aos nossos devedores."

Mateus 6:12

"Parecemos animais quando matamos. Parecemos homens quando julgamos. Parecemos Deus quando perdoamos."

Anônimo[1]

Diariamente ocorrem situações, agressões, invasões, furtos, injustiças, erros ou mesmo pequenas falhas que podem nos levar ao rancor, ressentimento, mágoa, tristeza e amargura. Não devemos, entretanto, deixar nada disso crescer no coração. E se isso acontece, a chave está em livrar-nos o mais rapidamente possível, perdoando o ofensor. Pois o perdão irrestrito e verdadeiro libera nossa vida para seguir em frente, ao passo que a falta de perdão nos aprisiona em acontecimentos do passado. D. L. Moody falava que: *"Aqueles que dizem que perdoam, mas não podem esquecer, simplesmente enterram a machadinha, deixando o cabo de fora para usá-la da próxima vez."*[2]

7º princípio: **SER PRONTO A PERDOAR E A PEDIR PERDÃO**

HUMILDADE E PERDÃO

"Para conhecer o homem humilde, para conhecer como o homem humilde se comporta, você tem de segui-lo na vida comum de seu dia a dia." (Andrew Murray)[3]

Tanto pedir perdão quanto perdoar requerem humildade. Quando Jesus diz que são bem-aventurados os humildes de espírito porque deles é o reino dos céus, está afirmando que um coração humilde é propício a aceitar e a viver a mensagem do reino de Deus. Perdoar está na essência desta mensagem. É a humildade que nos leva à liberdade de espírito para alcançarmos o eterno. Um espírito livre é aquele que não carrega cargas de amargura ou ressentimentos. Um espírito livre é também aquele que, mesmo quando falha, pede perdão, procurando sempre a restauração com seus semelhantes. Pois, *"errar é humano, perdoar é divino."* (Alexander Pope)[4] A vida sem ressentimentos é uma vida de paz.

Lembro-me de quando minha esposa Rosana foi baleada por um assaltante. Uma seta de ódio, vingança e justiça própria entrou em meu espírito. Eu acordava pensando no que eu faria se encontrasse aquele bandido. Porém, o Espírito Santo logo me levou a perdoar, pois Rosana já o tinha perdoado. Agora, sempre que me lembro disso, oro por aquele jovem, pedindo a sua salvação. Hoje, não teria nenhum problema em tê-lo do meu lado louvando ao Senhor.

Mas de igual importância é o pedido de perdão. Em muitos casos, parece até ser mais difícil pedir perdão do que perdoar, pois para fazê-lo, temos que reconhecer as nossas falhas, dizer que erramos e que pecamos. Isso requer muito mais humildade. Muitos até perdem o reino dos céus porque não aprenderam a pedir perdão, ou decidiram não fazê-lo. O reino dos céus não é algo para o futuro, e sim algo que se conquista no presente, com um coração humilde, sendo o perdão uma das principais chaves para isso. É de Jean Paul Ritcher a seguinte citação: "*A humildade nunca é tão bela como quando está orando por perdão ou perdoando os outros.*"[5]

APRENDENDO A PERDOAR

"*A pessoa pode ir para o inferno por não perdoar, tanto quanto por não crer.*" (Thomas Watson)[6]

O perdão é aprendido a partir da disposição de se ter um coração livre através da manutenção da paz e harmonia nos relacionamentos interpessoais. O apóstolo Paulo aconselha a vivermos, se possível, em paz com todos. (Romanos 12:18) Contudo, para perdoarmos é necessário, em primeiro lugar, sondar o nosso interior. Craig Hill, em seu livro "Veredas Antigas", nos adverte: "*É impossível perdoar a outra pessoa até que você pergunte a Deus sobre a sua identidade e receba o amor dele para com você.*"[7] Quando nos magoamos e não perdoamos, permitimos que a mágoa ofusque a nossa percepção do quanto Deus nos ama e que o Seu amor por nós é muito maior do que o dano que qualquer pessoa possa nos causar. Ao nos apercebermos disto, sim é possível liberarmos perdão, pois o poder do amor de Deus liberta o nosso coração da mágoa. Então, a partir dessa revelação, precisamos somente dispor o nosso interior para passar por esse processo de restauração em nossa alma. É importante refletir que o não perdoar trava as nossas emoções no passado e isso se reflete em nossa vida no presente. Exemplo disso é aquela pessoa que não consegue perdoar alguém que traiu sua confiança em algum momento de sua caminhada. Sem dúvida, ela apresentará traços de desconfiança sobre seus relacionamentos posteriores, isto é, dificuldade de acreditar totalmente nas pessoas. Perdoar liberta a nossa alma de qualquer trauma. Uma das bênçãos do Evangelho de Cristo é: fazer do perdão um ato incondicional para os seus discípulos. Porque Jesus nos amou e nos perdoou primeiro, recebemos o seu amor e o seu perdão e, capacitados pelo Espírito Santo que habita em nós, decidimos seguir o seu exemplo: perdoar por amor e obediência a Ele.

Tanto o pedir perdão quanto o perdoar devem ser feitos o mais próximo possível do fato em si. O tempo é amigo da acomodação de situações de ofensa, mas neste caso, para pedir perdão e perdoar, ele é um inimigo mortal. É um engano pensar que "com o tempo a gente esquece" o que não perdoamos ou o dano que causamos a alguém, sem nos retratarmos; sendo às vezes necessário não só pedirmos perdão, mas perdoarmos a nós mesmos. A questão é que o distanciamento temporal dos fatos transforma a mágoa ou ressentimento em raiz de amargura e, quando não nos perdoamos, existe também a realimentação da culpa, e ambas corroem o coração e prejudicam ainda mais os relacionamentos. Em vista disso, perdoe e peça perdão agora, se não, o mais breve possível. Artur W. Pinero escreveu: *"Se você tem algo a perdoar, perdoe rapidamente. Perdão tardio é muito pouco melhor do que ausência de perdão."*[8]

APRENDENDO A PEDIR PERDÃO

O reconhecimento é o primeiro passo para se pedir perdão. Sempre que identificamos um acidente, um erro, alguma falha, talvez palavras erradas, ira ou, até mesmo, agressão física ou verbal, as quais podem ter sido sem querer ou propositais, mas que geraram em alguma pessoa, conhecida ou não, mal-estar, desconforto, feridas na alma ou no corpo, perdas de qualquer tipo, vergonha, humilhação, traição ou desconfiança, o pedido de perdão é necessário e urgente. Sem ele, o fracasso em qualquer relacionamento é previsível. O pedir perdão foi a principal chave que descobri para ter um casamento longo e feliz, assim como para manter relacionamentos duradouros com amigos que me acompanham há mais de quatro décadas, e também para conservar os relacionamentos com quase todas as pessoas com quem convivi durante a vida. Garanto uma coisa: a graça de Deus me ensinou a pedir perdão e que bom que sempre fui perdoado.

A BÊNÇÃO DA RESTITUIÇÃO

Junto com a atitude de pedir perdão, às vezes, faz-se necessária a restituição de alguma coisa. No caso de um roubo ou furto, por exemplo, deve-se fazer a devolução daquilo que foi roubado ou furtado. Outro exemplo, é quando houver um dano, como falso testemunho, abuso de autoridade, maledicência, discriminação, entre outros, e que possa ser reparado, também é importante fazê-lo. Casos nos quais um simples pedido de perdão não é suficiente, pois haveria necessidade de restituição e não houve, ou foi mal feita, como em negócios ruins nos quais uma das partes envolvidas sofre todo o prejuízo, sem haver reparação, costumam retornar com juros e dividendos no futuro.

Com relação ao último ponto citado, acompanhei uma situação de alguém que, no passado, engravidou uma jovem e, na época, foram colocados "panos quentes" na situação por alguns líderes religiosos. Isto é: mesmo depois de pedidos de perdão, exames não foram feitos para que houvesse a devida responsabilização da pessoa envolvida. Então, dezoito anos depois, o rapaz, já com a vida feita, ministério desenvolvido, casamento e filhos, foi levado a juízo pela menina, fruto daquele relacionamento da juventude. Ela foi orientada por sua mãe e advogados a requisitar, de forma judicial, os exames para comprovação da paternidade. É um caso extremo, mas que deixa bem claro que quanto mais rápida e correta for a restituição (neste caso referido, dos

7º princípio: SER PRONTO A PERDOAR E A PEDIR PERDÃO

direitos da mãe e da criança), menos problemas e transtornos nossas falhas nos trarão mais tarde.

Muitas vezes, depois de pedir perdão por um erro, ou após perdoar alguém que pede perdão, é comum voltarmos a sentir algo a respeito do acontecimento e podem retornar sentimentos de culpa ou de mágoa. Isto é, voltarmos a nos cobrar ou entristecer acerca desse ou daquele assunto. É nesta hora que devemos ter a atitude de acabar, por completo, com o malefício da culpa ou ressentimento. Reafirme em sua mente e coração que o assunto em questão está resolvido. Proclame com sua boca que o ocorrido já está perdoado diante de Deus e dos homens. Conte aos pais, pastores ou cuidadores, acerca de sua atitude. Caso necessário, escreva em algum lugar onde fique declarado que isso faz parte do passado. E, por último, procure ter um contato de amor para com a pessoa envolvida na situação, servindo-a ou abençoando-a de alguma forma.

O perdão para Deus é irrevogável. Assim disse certa vez Thomas Adams: *"Os pecados são perdoados de tal forma como se jamais tivessem sido cometidos."*[9] O perdão de Deus libera a nossa vida para vivermos em abundância e alegria, e para recebermos o melhor que o Pai tem para nós. Assim também deve ser o nosso perdão. Jesus deixou registrado em sua oração, que chamamos de "Pai Nosso": *"perdoa-nos as nossas dívidas, assim como nós temos perdoado aos nossos devedores."*(Mateus 6:12)

Termino declarando que: aquele que primeiro pede perdão, é o mais corajoso; o que primeiro perdoa, é o mais forte; porém, o que primeiro esquece a ofensa, é o mais feliz.

BIBLIOGRAFIA

[1] BLANCHARD, John. *Pérolas Para a Vida*, pág.295. São Paulo: Editora Vida Nova, 1993.

² BLANCHARD, John. *Pérolas Para a Vida*, pág.296. São Paulo: Editora Vida Nova, 1993.
³ MURRAY, Andrew. *Humildade, a Beleza da Santidade*, pág.55. São Paulo: Editora dos Clássicos, 2005.
⁴ BLANCHARD, John. *Pérolas Para a Vida*, pág.296. São Paulo: Editora Vida Nova, 1993.
⁵ BLANCHARD, John. *Pérolas Para a Vida*, pág.296. São Paulo: Editora Vida Nova, 1993.
⁶ BLANCHARD, John. *Pérolas Para a Vida*, pág.296. São Paulo: Editora Vida Nova, 1993.
⁷ HILL, Craig. *Veredas Antigas*, pág.100. Pompéia, SP: Universidade da Família, 2007.
⁸ BLANCHARD, John. *Pérolas Para a Vida*, pág.296. São Paulo: Editora Vida Nova, 1993.
⁹ BLANCHARD, John. *Pérolas Para a Vida*, pág.297. São Paulo: Editora Vida Nova, 1993.

8º PRINCÍPIO

APRENDER SEMPRE

"Para aprender a sabedoria e o ensino; para entender as palavras de inteligência; para obter o ensino do bom proceder, a justiça, o juízo e a equidade; para dar aos simples prudência e aos jovens, conhecimento e bom siso. Ouça o sábio e cresça em prudência; e o instruído adquira habilidade para entender provérbios e parábolas, as palavras e enigmas dos sábios."

Provérbios 1:2-6

"Ele me acorda manhã após manhã, desperta o meu ouvido para escutar como alguém que está sendo ensinado."

Isaías 50:4 (NVI)

Quando nos tornamos pais, uma das coisas com as quais vibramos é com o desenvolvimento dos filhos. Nós nos alegramos com os primeiros passos, com as primeiras palavras e logo os vemos crescer e ir para escola, depois terminar o ensino médio e, então, chegarem a faculdade e muitos já começarem a trabalhar. Acompanhamos o crescimento e a maturidade que chegam junto com a rotina e os compromissos. Muitos filhos nessa hora parecem que já sabem tudo. O tanto que estudaram, vencendo as primeiras etapas da vida, parece-lhes ser suficiente para se manterem na posição que conquistaram até então. A sabedoria, contudo, ensina-nos que o aprendizado deve ser constante, pois precisa ser renovado e ampliado para não se tornar limitado. Por isso, é importante nunca jogar fora bons conselhos e aprender a avaliar e refletir sobre tudo.

Aprender tem tudo a ver com ouvir, enxergar, apalpar, cheirar, degustar, sentir e observar atenciosamente, procurando captar, principalmente, o que está por trás daquilo que nos é apresentado. Para isso, é necessário interagir com tudo e com todos, não apenas com aquilo que gostamos e aqueles com os quais temos afinidades, retendo sempre o que é bom. Por isso, é importante viver a vida com a mente disposta a aprender, perguntando e questionando sempre para entender, para assimilar e, finalmente, agir e praticar. Observamos isso nas crianças curiosas, que acabam se desenvolvendo mais rapidamente quando pequenas, pela busca do saber. Quem tem esse coração de aprendiz, recebe conhecimento de tudo e de todos. Aprende, inclusive, com seus próprios acertos e erros.

O processo do aprendizado está diretamente conectado com desejos e sonhos, que se transformam em projetos e realizações. Isso é chave na prosperidade pessoal de cada um, pois quanto mais abrangente e profunda é a aprendizagem, mais amplo é o horizonte.

Nos dias de hoje, a TV, o rádio no carro e a internet com suas muitas mídias de interatividade que expandem as fronteiras, podem ser um ladrão sutil de tempo e potencial, entretanto, quando bem usados, podem tornar-se instrumentos poderosos não apenas de comunicação, mas também de aprendizado.

Para ampliar esse entendimento, acrescento as palavras do psicólogo Abraham Maslow que aponta quatro níveis de aprendizagem:

8º princípio: APRENDER SEMPRE

> O ponto inicial, o nível mais baixo, onde todos começam o aprendizado, é chamado de ignorância inconsciente, isto é, não temos conhecimento de nada, mas estamos inconscientes disso. O segundo nível chama-se ignorância consciente, aquele em que sabemos que não sabemos. E como se chega a ter essa consciência? Em alguns casos, chegamos a ela por informação de terceiros; em outros, nós mesmos descobrimos.
>
> O terceiro nível é o do conhecimento consciente, aquele em que temos sempre na mente um conhecimento adquirido. Quando estamos aprendendo a dirigir, por exemplo, dirigimos sempre pensando nos movimentos que temos de fazer.
>
> O último nível é o do conhecimento inconsciente, no qual dominamos tão bem certo conhecimento que nem pensamos mais nele.[1]

Apesar de tanta comunicação, os mais jovens têm apresentado cada vez mais dificuldades para discernir o que é importante reter, onde focar a atenção, e, até mesmo, a quem dar ouvidos. Tudo parece entrar por uma orelha e sair pela outra. Há alguns anos, eu reparei que, pela manhã e ao meio dia, quando ia levar e buscar meus filhos na escola, eles tinham que disputar o diálogo com o rádio do carro. Eram notícias sem fim e que só interessavam a mim. Um dia, porém, acordei para o fato de que este era um tempo precioso com eles e, assim, até hoje, quando eles entram no carro, desligamos o rádio e temos este tempo único para uma boa conversinha. Como pais, precisamos entender que todo o momento no qual interagimos com nossos filhos é um momento de ensino-aprendizagem. Se nós não reduzimos o máximo possível os agentes dispersores de atenção, quando nos comunicamos com eles, estaremos ajudando na formação de alunos dispersos e desatentos, exatamente o que temos visto em profusão nas escolas hoje em dia. Pais devem falar com seus filhos buscando ter toda a atenção deles, lembrando aqui que é de vital importância que também se exercitem em dar-lhes atenção quando estes falam. O relacionamento sadio e o diálogo entre pais e filhos são fontes seguras de aprendizado, que formatam o entendimento e as atitudes da criança e do adolescente. Salientando que o interagir e o questionar fazem parte de tudo isso.

O APRENDIZADO CONSTANTE NOS FAZ IR ALÉM

A Bíblia dá muito valor à educação, conhecimentos e aprendizados, e apresenta grandes recompensas. Ela nos alerta contra os perigos da ignorância, e faz promessas acerca do aumento da inteligência (...). Algumas dessas atitudes estão relacionadas nas Escrituras. Provérbios 1:7: "Os loucos desprezam a sabedoria e o ensino." (Barbara Cook)[2]

Tempos atrás, no início da era da informática, um amigo engenheiro, chamado Paulo Torres, mostrou-me um pequeno computador que comprara nos EUA para calcular estruturas de concreto. Depois de demonstrar suas funções rudimentares de complexos cálculos, ele pegou um lápis e disse: *"Isso aqui, daqui a uns anos, vai acabar. Tudo será escrito em computadores."* Apesar de ainda existir o lápis, hoje isso tem se tornado uma realidade.

Da mesma forma, depois de tantos anos trabalhando com gravação de áudio e vídeo, presenciei as antigas fitas caras e pesadas serem trocadas por fitas menores e mais leves. Depois, por disquetes menores ainda e, então, por discos rígidos dentro e fora dos computadores. E agora, nas memórias e nuvens virtuais. Por esta causa, desafiei meu irmão Abner a, junto comigo, atualizarmos tudo em nosso estúdio. O terror das mudanças se instalou em cada novo processo, pois os métodos antigos ficaram para trás à medida que os novos chegavam. Mas cada desafio gerou uma conquista e assim fomos além.

8º princípio: APRENDER SEMPRE

Em todas as áreas, o mundo moderno traz constantemente novos desafios. Minha mãe, que estudou apenas até o quarto ano primário (hoje, ensino fundamental), encarou o desafio de, aos 67 anos, comprar um computador e ir a uma escola de informática, para poder interagir com filhos e netos, abandonando as cartinhas e o correio do século passado. Assim como ela, diversos amigos meus de mais idade pararam de ficar amedrontados frente as novas tecnologias e, outros, de satanizar as mídias sociais, passando a aproveitá-las corretamente para uma comunicação sadia e muito mais rápida, quebrando os paradigmas da comunicação tradicional. E assim precisa ser em todas as áreas de nossa vida: aprender para progredir. Se existe uma forma melhor de se fazer algo, se tem outra técnica, outro pensamento, então, devemos aceitar o desafio para que haja desenvolvimento.

APRENDER REQUER MUDANÇA DE HÁBITOS

Uma das diretrizes mais relevantes com respeito ao aprendizado tem a ver com mudança de hábitos. Hábitos, em síntese, são ações ou reações que ficam automáticas no decorrer da vida. Quando são bons, como o costume de escovar os dentes, por exemplo, ajudam-nos. Porém, quando os hábitos são ruins, emperram o desenvolvimento e podem tornar-se poderosos destruidores, pois, quando não controlados ou mudados, geram problemas, podendo até transformarem-se em vícios; e vícios escravizam. Por isso, não tenho medo de afirmar que maus hábitos são inimigos limitantes da potencialização do aprendizado. Exemplo disto é uma criança que não desenvolve o costume de estudar, de realizar suas tarefas escolares, aprendendo na época certa o valor que isso tem para o seu desenvolvimento. Ela seguirá sua vida escolar muito aquém de seu potencial, ainda com o mau hábito de não assumir suas responsabilidades, deixando de fazer o que lhe é pedido ou aprendendo a fazê-lo de forma desleixada e até desonesta. Sem dúvida, é relevante a afirmação de Barbara Cook: *"Ninguém aprende muita coisa, quando detesta estudar."*[3]

Charles Duhigg, em seu *best seller* "O Poder do Hábito", declara que todo hábito pode ser mudado quando se tem disposição para fazê-lo. No decorrer da minha vida, por exemplo, tive que romper com muitos maus hábitos, que por certo não me deixariam prosperar. Principalmente, aqueles adquiridos durante a adolescência quando o caráter ainda estava sendo formado e eu perambulava na rua e nas drogas.

Minha agenda tornara-se um tanto livre; fumava, cheirava e bebia de tudo; dormia a qualquer hora e fazia artesanato, para obter algum recurso e produzir alguma coisa. Entretanto, tudo era realizado de forma empírica e desprovida de qualquer rotina. Então, tive minha experiência de conversão a Cristo, e junto com ela um desejo profundo de mudar de vida, o que incluía deixar muitos maus hábitos para trás. Meus pastores e amigos na fé muito me ajudaram nesta caminhada.

Porém, mais tarde, depois que me casei, os maus hábitos que antes ainda não identificara como tais, agora geravam atrito. As meias usadas, colocadas automaticamente dentro dos sapatos que ficavam na gaveta debaixo da cama de casal e eram esquecidas por lá, agora eram motivo de conflito. Com a ajuda de uma esposa perseverante e que teve que aprender a ser paciente, tive que repensar com profundidade meus hábitos, substituindo maus hábitos por bons hábitos. E assim, continuamos periodicamente reavaliando nossa maneira de ser, buscando ter vitória sobre aquilo que julgamos precisar de mudança em nossas vidas. Pois, como disse Thomas A. Kempis:*"O hábito é vencido pelo hábito."*[4]

Lembro que, quando vieram nossos filhos, este assunto ficou ainda mais sério, pois, para estes que estão em formação, os hábitos dos pais, bons e maus, tornam-se exemplos a serem

8º princípio: APRENDER SEMPRE

reproduzidos. E é aí que as coisas podem ficar bem difíceis. Como declara o pensador americano Charles F. Kettering: *"Todo pai deveria saber que um dia seu filho vai seguir o seu exemplo e não os seus conselhos."*[5]

Quando entrei na universidade, já com 47 anos, tive que mudar meus hábitos mais ainda. Para lograr êxito, passei a ter horário rígido em tudo, inclusive para me dirigir às aulas, buscando ter pleno aproveitamento do curso e, também, evitando atrasos. De segunda a sexta, durante quatro anos, saía de casa às 18h40min para estar na faculdade às 19h10min. A rotina se tornou um hábito tão intenso que, após esse período, quando me formei, este horário ficou vazio e melancólico, pois minha tendência era querer ir para as aulas que não mais existiam.

O bom aprendizado e desenvolvimento humano sempre são regados de bons hábitos. Nossa filha Aurora, com sérios comprometimentos em sua mente, pode se desenvolver ao extremo de seu potencial em muitas áreas, e ainda buscamos oportunizar isso, em grande parte, por causa dos hábitos formados quando ainda pequena: estes vão desde a higiene pessoal, os cuidados constantes com sua medicação e saúde, até as minúcias de sua vida escolar e organização de rotinas sociais. Ela aprendeu a ler e a escrever, depois a calcular com bastante habilidade. Formou-se no ensino fundamental em regime de inclusão escolar, o que foi uma grande conquista. Durante este processo, aprendeu informática básica e pode utilizar o computador como um instrumento sadio de interatividade e comunicação. Tudo isso a faz viver uma vida melhor. Para o seu desenvolvimento foram fundamentais: bons hábitos e o desejo constante de aprender.

Assim, precisamos desenvolver o hábito de aprender com tudo que nos acontece, isto é, sermos constantes nisto. Buscar lições que a vida nos propicia a cada dia. Não apenas com o ensino formal, mas, principalmente, o aprendizado que é fruto do interesse pelo desenvolvimento pessoal e pelo que está à nossa disposição. Preocupo-me muito com alguns novos hábitos do mundo moderno. A hiperinteratividade que se tem com as mídias e comunicação da internet, já escravizam uma grande legião de adolescentes e jovens, roubando seu tempo, toda sua atenção e, ainda, suas noites de sono. Antes era comum, em um espaço onde garotos e garotas se encontram, ouvir o alvoroço da conversa; agora já está se tornando corriqueiro ver muitos deles entretidos com seu *smartphone* ou *tablet,* sem se importar com nada a sua volta, ou, às vezes, utilizando estes equipamentos para conversarem entre si, mesmo que estejam juntos. Isso se transfere para a sala de aula, reuniões da igreja, família e convívio em geral. É impossível que não haja prejuízo na aprendizagem desta geração, pois, apesar de terem acesso ilimitado ao mundo da comunicação, seus hábitos os estão limitando na percepção da realidade a sua volta e do possível aprendizado na interação com ela. O problema não é o uso da internet e das mídias, e sim o mau uso das mesmas. Para prevenir exageros, os pais precisam estabelecer limites adequados às idades, ensinando a discernir e optar pelo que é sadio. É dentro do lar que estes critérios são adquiridos. *"Seus filhos precisam compreender que enquanto estiverem sob o seu teto, vocês têm o direito, e o dever, de limitar o acesso da mídia em sua casa, segundo o que for mais conveniente à sua família."* (Jaime Kemp)[6] Portanto, não permitam que a aprendizagem de seus filhos seja prejudicada, que desperdicem quase todo o seu tempo, que se distanciem nos relacionamentos e que haja a violação dos padrões e princípios da família através das mídias, dentro de seu lar, contaminando mentes e corações. Desde cedo, é preciso proteger, orientar e zelar pelos filhos, reavaliando e corrigindo, quando necessário, o uso do celular, da internet e das mídias sociais.

8º princípio: **APRENDER SEMPRE**　　　　　　　　　　　　　　　　87

COMO APRENDER?

Quem tem a mente aberta aprende sempre. Quem se desenvolve amplamente procura usufruir de todas as fontes, retendo o melhor de cada uma. Com o amadurecimento, passamos a discernir as melhores fontes, o que nos leva, assim, a priorizar aquelas que potencializam mais o ensino e o que se quer aprender. Em uma faculdade, por exemplo, temos muitos professores. Uns, porém, ensinam melhor que outros; uns têm mais o que dar do que outros. Assim é em tudo na vida. Temos muitas vozes ao nosso derredor. O mérito está em descobrir as que podem nos acrescentar maior aprendizado para a vida.

Aprendendo com a leitura

Entre os bons costumes a serem desenvolvidos, a leitura é um deles. Os livros são fonte inesgotável de conhecimento. Quando criança, adquiri este hábito. Vivia com um livro na mão. Depois, na adolescência, com o advento da televisão e toca-discos, distanciei-me um pouco dos livros. Só voltei a ter intensidade e a desenvolver novamente o costume metódico da leitura, depois de entrar para a faculdade, já com mais de quarenta anos. Mesmo que pareça ser uma forma primitiva de assimilação e aprendizado, sem dúvida, ainda é uma das mais eficazes. É atribuída ao filósofo, físico e matemático francês, René Descartes, a seguinte frase: *"A leitura de todos os bons livros é uma conversação com as mais honestas pessoas dos séculos passados."*[7]

Como já falei, podemos aprender com TV, rádio, cinema, internet e outras formas mais; porém, nada como os "bons e pesados livros" que são focados em assuntos específicos que, por não interagirem diretamente com outras mídias, forçam a imaginação, levando o leitor a desenvolver, de forma pessoal, a interatividade com o que lê.

Estudando a dinâmica da comunicação moderna, aprendi que as mídias querem captar a atenção total pela interatividade. Hoje, em um computador, lê-se, assiste-se, ouve-se, toca-se algum instrumento, joga-se um jogo, e já existem experimentos para que se possa, em um futuro muito próximo, sentir odores em frente ao monitor. Com o livro, todavia, você tem que interagir na sua imaginação e isso desenvolve áreas do aprendizado que não prosperariam se fosse de outra forma. A jovem escritora gaúcha, Clarice Pacheco (1989-2002), que era apaixonada pelos livros, escreveu no poema intitulado Viajar pela Leitura:

> Viajar pela leitura
> sem rumo, sem intenção.
> Só para viver a aventura
> que é ter um livro nas mãos.
> É uma pena que só saiba disso
> quem gosta de ler.
> Experimente!
> Assim sem compromisso,
> você vai me entender.
> Mergulhe de cabeça
> na imaginação!
>
> Clarice Pacheco[8]

Aprendendo com o conselho

"Mas, se estivessem estado no meu conselho, então, teriam feito ouvir as minhas palavras ao meu povo e o teriam feito voltar do seu mau caminho e da maldade das suas ações." (Jeremias 23:22)

"Ouve o conselho e recebe a instrução, para que sejas sábio nos teus dias por vir." (Provérbios 19:20)

8º princípio: APRENDER SEMPRE

"Onde não há conselho fracassam os projetos, mas com os muitos conselheiros há bom êxito." (Provérbios 15:22)

Nestes versículos, observa-se que a Bíblia nos ensina a buscar conselhos, a acatá-los e a guardá-los no coração. Falta total de sensatez e sabedoria é quando desprezamos quem pode nos orientar e aquilo que falam. O pai e a mãe, os familiares de mais idade, por mais velhos que estejam, mesmo que não sejam tão letrados, ou tão modernos e conectados, ainda assim têm em seus ombros um tempo maior na estrada chamada vida, que sempre pode nos ajudar.

Um dia, pela manhã, por exemplo, eu estava em uma fila de banco. Havia um homem de bastante idade na minha frente esperando a porta abrir. A princípio, pensei em mais um aposentado vindo buscar seu salário. Mas não era. Em poucos minutos, vi que aquele português de noventa anos tinha muito a me ensinar. Falamos de tudo: negócios, longevidade, Brasil, assaltos, criação de filhos e economia. Foi quase uma hora, para mim inesquecível, de um aprendizado enriquecedor.

Na verdade, assim tem sido meu caminho. Sempre tive conselheiros. Pessoas com quem compartilhei, e ainda compartilho, sonhos, projetos e realizações. Por causa disso, reconheço, fui poupado de muitos erros na vida.

Certamente, os passos tomados debaixo de conselhos e diretrizes claras, dadas por pessoas que veem nossa vida de fora para dentro e nas quais confiamos, sempre serão mais seguros, pois o conselho nos ajuda a ver o que não estamos vendo.

Aprendendo com a observação

Um dos grandes legados que tive de meu pai foi o aprender a observar. As longas viagens de trem foram inesquecíveis, pelo muito que eu e meus irmãos aprendíamos com um pai paciente em mostrar e explicar cada detalhe. Eu ficava sentado ao seu lado por horas, enquanto trabalhava como radiotelegrafista do Exército Brasileiro. Observava seu fone de ouvido e os grandes equipamentos de transmissão. Quando algo estragava, eu via de perto o conserto das válvulas e fios elétricos. Assim, com sete anos liguei minha primeira lâmpada em uma tomada e com dez anos comecei a arrumar as luzes da casa. Aos dezessete anos já estava com um fone de ouvido na cabeça, gravando música. Então, aos 24 anos sentei em um estúdio de televisão e me tornei profissional de comunicação. Agora, como jornalista e músico, ainda sou influenciado pela observação que tinha de meu pai trabalhando. E ainda, dois irmãos meus estão também na mesma área profissional.

Quem observa capta o mundo ao seu redor e sempre quer ver mais, descobrir mais e principalmente aprender mais.

Inúmeras vezes minha esposa e eu chamamos a atenção de nossos filhos para os detalhes daquilo que os cerca, principalmente quando viajamos, para que os dias não passem sem deixar suas lembranças. Para a maioria das pessoas, quase tudo o que acontece parece comum, porém não é assim com quem aprende a observar. O mundo e a vida se tornam uma imensa enciclopédia, cujas folhas são abertas a cada manhã.

Henry Ford, ao falar sobre aprendizado, declara: *"Qualquer que pare de aprender, envelhece tanto aos vinte quanto aos oitenta. Porém, aquele que continua a fazê-lo se mantém jovem. Uma das maiores virtudes da vida é manter a mente jovem."*[9] Pela constância do aprendizado, isso é possível.

BIBLIOGRAFIA

[1] HENDRICKS, Howard. *Ensinando Para Transformar Vidas*, págs.41,42. Belo Horizonte: Editora Betânia, 1991.

8° princípio: APRENDER SEMPRE

[2] COOK, Barbara. *Como Criar Filhos Felizes e Obedientes*, pág.194. Belo Horizonte: Editora Betânia, 1982.

[3] COOK, Barbara. *Como Criar Filhos Felizes e Obedientes*, pág.195. Belo Horizonte: Editora Betânia, 1982.

[4] BLANCHARD, John. *Pérolas Para a Vida*, pág.183. São Paulo: Editora Vida Nova, 1993.

[5] HUBER, Abe. *Nossos Filhos Farão Proezas/Valorizando os Verdadeiros Tesouros*. Disponível em: <https://prandrelda.wordpress.com/tag/serie-familia-um-presente-de-deus/>. Acesso em: 10 de abril de 2016.

[6] KEMP, Jaime. *Meu filho cresceu e agora? Convivendo com o adolescente contemporâneo*, pág.133. São Paulo: Hagnos, 2005.

[7] DESCARTES, René. *Frases sobre Leitura - Pensador*. Disponível em: < http://pensador.uol.com.br/frases_sobre_leitura/>. Acesso em: 9 de abril de 2016.

[8] PACHECO, Clarice. *Viajar pela Leitura*. Disponível em: < http://pensador.uol.com.br/frases_sobre_leitura/>. Acesso em: 9 de abril de 2016.

[9] EDISON, Thomas; FORD, Henry. *The Edison & Ford Quote Book*, pág.35. Fort Myers: Edison & Ford Winter Estates, 2004.

9º PRINCÍPIO

SEMEAR

"Os que com lágrimas semeiam com júbilo ceifarão. Quem sai andando e chorando, enquanto semeia, voltará com júbilo, trazendo os seus feixes."

Salmo 126:5-6

"Não vos enganeis: de Deus não se zomba; pois aquilo que o homem semear, isso também ceifará."

Gálatas 6:7

A Palavra de Deus, na carta de Paulo aos Gálatas, adverte: o homem vai colher o que semear. Na citação anterior, o salmista afirma que aquele que semeia com lágrimas colherá com alegria. Isso nos ensina que algumas vezes a semeadura pode ser difícil e dolorida, mas trará regozijo ao final. O mais importante, porém, é entender o tipo e o tempo da semeadura.

Existem estações bem definidas por Deus em nossa vida. Há tempo de semear e tempo de colher (Eclesiastes 3:2). Quando se consegue administrar bem o tempo de semeadura, por certo, a colheita será boa e farta. Semear pela vida afora os dons, o tempo, o dinheiro e tudo que temos é a virtude de transformar o que recebemos de Deus em sementes e, depois, em colheita. Algumas dessas sementes serão usadas por nós mesmos, mas muitas outras serão plantadas de volta na terra fértil da dádiva e da generosidade.

9º princípio: **SEMEAR**

Quero aqui pontuar algumas leis que regem esse princípio, conforme ensina J. Hampton Keathley:

1ª Lei — Sempre colhemos da mesma espécie do que plantamos

"Porque o que semeia para a sua própria carne, da carne colherá corrupção; mas o que semeia para o Espírito, do Espírito colherá vida eterna." (Gálatas 6:8)

Não importa se as atitudes são positivas ou negativas. Tudo o que se faz se torna semente da grande lavoura da existência humana. Qualquer ato, por menor que seja, é parte de um plantio; mesmo que este não afete o momento, ficará na terra da vida e, na hora em que menos se espera, germinará.

Durante toda minha carreira musical de quase quatro décadas, liberei as músicas que compus para que outras pessoas e igrejas pudessem usar e gravar, sem nenhuma restrição ou custo. Cada uma dessas canções se tornaram sementes de uma imensa plantação pelo Brasil afora. Quando enfim as leis de direitos autorais se organizaram de forma sistemática no país, passei a receber recursos dos órgãos arrecadadores, que me foram chegando de maneira natural, farta e abençoadora. Uma colheita que Deus me concedeu pelo longo investimento na vida e ministério de tantos irmãos.

Mas, infelizmente, quando plantamos sementes ruins, acontece o mesmo. Eis alguns exemplos disso: as más escolhas diárias com respeito ao tempo, que às vezes se prolongam por meses e até por anos, se tornam uma perda irreparável ao longo da vida; o plantio errado de um pai, que não busca honrar seus compromissos financeiros e segue fazendo dívidas de forma irresponsável, não só prejudica toda a casa, mas também haverá colheita do mau exemplo na vida dos filhos; um aluno que se permite uma vida estudantil medíocre, que não procura o seu desenvolvimento pessoal, dificilmente obterá uma boa colocação profissional.

Uma canção do meu amigo Don Stoll diz: *"Se plantar tomate, vai dar tomate; se plantar abacate, vai dar abacate; se plantar amor, amor vai dar; colherá o que semear."* Também, um exemplo bíblico desse aspecto é o de Davi. Mesmo sendo um homem segundo o coração de Deus (Atos 13:22), salmista ungido e rei de Israel, nada o isentou da triste colheita, fruto de seu pecado de adultério e assassinato (2Samuel 11). Assim, ele colheu cobiça, engano, traição e matança sobre seus filhos (2Samuel 13-18). Morte gera morte, assim como vida gera vida. Em outras palavras, o Dr. Myles Munroe reitera esse princípio da seguinte maneira:

> Nenhum produto pode ser mais poderoso do que a fonte da qual provém. Uma mesa de madeira, por exemplo, é apenas tão forte quanto a madeira da árvore da qual foi feita pelo marceneiro. Se você fizer uma mesa de uma árvore apodrecida, terá uma mesa apodrecida.[1]

2ª Lei — Sempre colhemos numa estação diferente da que semeamos

Deus organiza a natureza por estações, estabelecidas pela sua mão na imensidão do universo. No livro de Eclesiastes 3:1-8 está escrito:

> *"Tudo tem o seu tempo determinado, e há tempo para todo propósito debaixo do céu: há tempo de nascer e tempo de morrer; tempo de plantar e tempo de arrancar o que se plantou; tempo de matar e tempo de curar; tempo de derribar e tempo de edificar; tempo*

9º princípio: SEMEAR

de chorar e tempo de rir; tempo de prantear e tempo de saltar de alegria; tempo de espalhar pedras e tempo de ajuntar pedras; tempo de abraçar e tempo de afastar-se de abraçar; tempo de buscar e tempo de perder; tempo de guardar e tempo de deitar fora; tempo de rasgar e tempo de coser; tempo de estar calado e tempo de falar; tempo de amar e tempo de aborrecer; tempo de guerra e tempo de paz."

Tudo tem o tempo certo, definido pelos desígnios soberanos do Criador. Identificar a estação em que vivemos é uma das maiores virtudes que se pode alcançar. Todo aquele que o faz terá, com certeza, os frutos bons de cada uma dessas etapas, pois atentará para a semeadura que se mostra necessária nas épocas apropriadas.

É urgente ensinar aos filhos esse princípio. A escola e o aprendizado para desenvolvimento de habilidades extracurriculares não são rotinas banais e sem propósito para mantê-los ocupados, e sim tempo de semeadura. As horas gastas em cima de um instrumento, ou estudando com afinco outra língua, certamente trarão frutos na estação da colheita.

Minhas longas horas de aprendizado em cima do violão ou do teclado, no início de minha vida cristã, trouxeram-me frutos que colho até hoje. Sobre isso, também salienta o Dr. Myles Munroe: *"Potencial é a existência de possibilidades. Trabalho é a ativação de possibilidades. O potencial sem trabalho permanece potencial represado, intocado, não testado."*[2]

3ª Lei — Sempre colhemos mais do que semeamos

"Em cada semente há uma floresta, em cada peixe, um cardume, em cada ave, um bando, em cada vaca, uma manada,... e em cada homem, uma nação." (Myles Munroe)[3]

Todo agricultor sabe que a colheita é sempre maior que a semeadura. A Bíblia expressa isso usando linguagem figurada, em Oseias 8:7, na profecia dada a Israel por causa da infidelidade do povo a Deus: *"Porque semeiam ventos, e segarão tormentas."*

Uma semeadura, por menor que seja, tanto do bem quanto do mal, trará uma quantidade maior do que aquela que foi plantada. Quando um simples grão de trigo cai na terra, depois de crescer, gera, pelo menos, uma espiga com dezenas de grãos da mesma espécie. Uma simples semente de laranja gera uma árvore que dá centenas de frutos.

Assim são nossas sementes. Quando semeamos amor, alegria e, principalmente, a Palavra de Deus na vida de uma pessoa, certamente veremos muitos frutos. Um dos discípulos de Cristo em quem venho semeando há muitos anos, zelando por ele, sua família e ministério, já gerou centenas de outras vidas para Deus.

Mas o mesmo acontece com o mal. Toda maldade semeada no mundo gera lavouras imensas de frutos negativos. Por trás da criminalidade e da violência, sempre existe uma semente ruim plantada no coração de uma criança ou de um adolescente.

4ª Lei — Colhemos à proporção que semeamos

"E isto afirmo: aquele que semeia pouco, pouco também ceifará; e o que semeia com fartura, com abundância também ceifará." (2Coríntios 9:6)

As leis anteriores narradas até aqui são imutáveis, pois são regidas pela soberania divina. Esta, porém, diz respeito à decisão e à iniciativa pessoal de o quanto semear. A proporção da semeadura é que gera o resultado.

Essa lei é frequentemente usada com respeito às finanças, mas é aplicável a tudo. Em qualquer área de nossa vida, quanto mais semeamos, mais colhemos. Por isso, lembro sempre meu filho de que o progresso no desempenho em seu instrumento, o violino, depende de seu esforço e aprendizagem, pois à medida que cresce o nível de estudo, que é a semeadura dessa estação de sua vida, maior será sua colheita de desenvolvimento. É importante entender que o sucesso e a prosperidade raramente são frutos do acaso, e sim de uma semeadura consistente e abundante. Por mais que queiramos alcançar objetivos, dificilmente o faremos sem proporcionalidade de investimento metódico, constante e diário em qualquer área.

Vivemos em um mundo competitivo e diversificado, no qual, para sermos bem-sucedidos e vencermos, precisamos fazer muito bem aquilo que nos propomos a executar. Logo, quanto maior for nossa semeadura em cada esfera de desenvolvimento, maior será nossa colheita, isto é, nosso progresso. Temos o próprio exemplo do Senhor Jesus, pois está escrito: *"O povo ficava simplesmente maravilhado e dizia: Ele faz tudo muito bem."* (Marcos 7:37 — NVI)

Entendo que esta não é uma tarefa fácil, pois depende de quebrarmos nossa vontade, abandonando parte de nosso lazer e comodismo. Porém, à medida que o desenvolvimento se estabelecer, os frutos da colheita surgirão e nos encherão de ânimo.

AS BOAS SEMENTES DA VIDA

A semeadura mais importante que fazemos é nos relacionamentos, começando nos mais próximos: pais, mães, cônjuges, filhos e irmãos, e também amigos. As pessoas que nos cercam são como um grande campo a ser semeado, que dará frutos à medida que plantarmos. Todo tempo gasto em amizade e relacionamento são sementes que germinam a cem por um. Precisamos aprender a investir na vida uns dos outros, como seres humanos que não vivem sozinhos no mundo, mas principalmente como cristãos, pois compartilhar a boa semente do Evangelho é a expectativa de Deus para seus filhos. Como disse Mathew Henry: "*O homem é feito para a sociedade, e os cristãos, para a comunhão dos santos.*"[4] Outro campo produtivo a ser semeado é a nossa própria vida e carreira. As aptidões e talentos são solos férteis, esperando por sementes de estudo e desenvolvimento. Por isso, todo o tempo investido no crescimento metódico dos talentos dará frutos.

Quando jovem, eu chegava ao conservatório de música e o professor de violão fixava seus olhos atentos em meus dedos e, pelo movimento deles, ele sabia como tinha sido a semeadura de estudo da semana. Ao perceber que eu não colheria um desenvolvimento no instrumento sem a semeadura de um estudo regular, aprendi uma grande lição. Passei a estudar metodicamente, lutando contra os desafios internos do comodismo, entretenimento e distrações com coisas infrutíferas e banais; coisas estas que vejo cada vez mais se avolumarem nesse mundo pós-moderno.

A internet e a televisão potencializadas por cabos de fibra óptica e satélites trazem, em abundância avassaladora, as músicas, as séries e os filmes, assim como todo tipo de informação, cultura e diversão que estão à disposição de todos, dependendo unicamente da escolha de cada um em um clique. Por certo, estas escolhas diárias no que diz respeito ao que vemos e ouvimos, serão parte da boa ou da má semeadura, no interior de cada pessoa, independente de idade, no decorrer da vida. Portanto, devemos cuidar e vigiar para que estas facilidades da modernidade, não roubem fatias importantes de tempo, potencial e sonhos que são nossa preciosa lavoura.

Tanto a boa quanto a má semeadura, na maioria das vezes, são quase invisíveis, pois acontecem sem público, nos bastidores da vida. Às vezes são feitas com lágrimas, outras com riso,

9º princípio: SEMEAR

e outras ainda nas liberdades que nos damos sem medir as consequências. Mas a colheita não. Ela é sempre vistosa, colorida e difícil de ser escondida. Deus faz questão que a ceifa seja aparente e na luz, tanto a boa quanto a má. Porém, como diz o Salmo 126:5-6, para aqueles que são diligentes e semeiam boas sementes, mesmo na dificuldade, haverá uma linda colheita: *"Os que com lágrimas semeiam com júbilo ceifarão. Quem sai andando e chorando, enquanto semeia, voltará com júbilo, trazendo os seus feixes!"*

BIBLIOGRAFIA

[1] MUNROE, Myles. *Liberando o Seu Potencial*, pág.37. Brasília: Editora Koinonia, 1998.

[2] MUNROE, Myles. *Liberando o Seu Potencial*, pág.161. Brasília: Editora Koinonia, 1998.

[3] MUNROE, Myles. *Liberando o Seu Potencial*, pág.18. Brasília: Editora Koinonia, 1998.

[4] BLANCHARD, John. *Pérolas Para a Vida*, pág.66. São Paulo: Editora Vida Nova, 1993.

10º PRINCÍPIO
SER ÍNTEGRO

"*Quem, SENHOR, habitará no teu tabernáculo? Quem há de morar no teu santo monte? O que vive com integridade, e pratica a justiça, e, de coração, fala a verdade.*"

Salmo 15:1-2

"*Integridade de coração é coisa indispensável.*"

João Calvino[1]

Mais que um estado de espírito ou predisposição, integridade é uma condição. É um conjunto de valores residentes no coração do homem, que atuam de dentro para fora, tendo como frutos principais atitudes que geram paz e consciência sadia. Tem a ver com verdade, honestidade, lealdade, justiça, exatidão, prestação de contas, devolução, preservação, motivação e, por fim, ações. Quando vistos por cima, podem ser conceitos amplos, mas, quando aplicados de forma prática na vida, são o norte na bússola de Deus para nos guiar.

Quando meu filho era pequeno, ensinei-o a jogar o "jogo dos pauzinhos". A brincadeira consistia em cada jogador receber três palitinhos, colocar uma quantidade à sua escolha em uma das mãos e apresentá-la fechada à frente de seu oponente e, por dedução, os dois tentarem acertar qual a soma total de palitinhos das duas mãos apresentadas: no caso, a minha e a dele. Havia

10º princípio: SER ÍNTEGRO

ainda a possibilidade do jogador não colocar nenhum palito na mão, o que dificultava um pouco mais. Ganhava quem tivesse uma série de três vitórias. O menino logo ficou tão craque no jogo, que começamos a jogar "sem os pauzinhos". Conhecíamos as regras e fazíamos tudo no imaginário; porém, a única coisa que viabilizava a brincadeira era o compromisso que cada um tinha de dizer a verdade sobre o número inicial pensado.

Um dia, o André desabafou: *"Quase mudei meu jogo pra ti não ganhar, pai!"* No entanto, lembro-me de que a ênfase e a graça da brincadeira não era a vitória, e sim, manter a escolha feita do início ao fim de cada jogada. Independente de ganhar ou perder, o que estava em jogo era a honestidade. Desta maneira fui vendo a semente da integridade nascer no caráter do meu menino com base na verdade, não apenas de um resultado, e sim, como um princípio de conduta em todo o processo de uma simples brincadeira.

Precisamos ensinar nossos filhos a andarem retamente em tudo que fazem. Não devemos relevar o menor indício de desvio de caráter. Lembro-me de um fato ocorrido em nossa casa, quando André tinha sete anos e Aurora, doze. Minha esposa, antes de irem para a escola, dera um valor para o André entregar a professora, relativo a aquisição de um material, e dera outro valor para a Aurora pagar uma dívida feita em uma feirinha de artesanato da oitava série. Ao chegarem em casa, após as aulas, os dois estavam mascando chicletes, o que nem era vendido no bar da escola. Quando Rosana perguntou onde haviam obtido, André comentou que comprara de um coleguinha no transporte escolar. Então, a mãe indagou: *"Com que dinheiro?"* André logo explicou que como a professora não recolhera o valor do material, ele usara o dinheiro para os chicletes. Em seguida, Aurora confessou que comprara lanche no recreio. Quando a mãe comentou que enviara lanche na mochila, ela disse que o comera também. Ao que a mãe questionou: *"Com que dinheiro?"* Aurora então explicou que a colega a quem ela devia não fora na aula naquela tarde. Naquele momento, Rosana chamou os dois para a sala e conversou seriamente com eles sobre o erro de, sem permissão, utilizarem os valores que tinham um destino certo para outros fins. Citou que este era um dos problemas mais graves de nossa nação: políticos que pegavam valores que eram para uma coisa e usavam para outra, e que o nome disso era "desvio de verba". As crianças ficaram bastante impressionadas e pediram perdão a sua mãe imediatamente. Não sei o quão profundamente eles entenderam sobre o problema da corrupção com relação ao dinheiro público, mas uma coisa é certa: nunca mais em nossa casa houve qualquer problema relativo ao uso de dinheiro e a prestação de contas. Foi uma lição para toda a vida!

É através do ensino, da correção de pequenas falhas desde a infância e, principalmente, do exemplo, que ajudaremos a evitar problemas futuros na vida de nossos filhos. De fato, é verdadeiro o que declara John Blanchard: *"É melhor andar retamente do que andar no melhor dos círculos."*[2]

Como muitos outros aspectos do caráter, integridade se forma a partir de exemplos. No meu entender, vai muito além de uma simples conotação religiosa. Tem a ver com toda uma sociedade e os referenciais que a cercam. Infelizmente, vivemos em um país conhecido por "dar um jeitinho em tudo". *"Se o guarda não está vendo, não tem problema!"*, dizem por aí. Dessa forma errada de pensar, muitos adultos desobedecem as leis e sinais de trânsito, ensinando isso à criança através de seu mau exemplo. Mas não deve ser assim. Integridade tem base no interior, no caráter, e não na vigilância. É a luz invisível que acende a consciência e que detém a atitude errada.

10º princípio: SER ÍNTEGRO

Quando fui à Finlândia, país escandinavo do norte da Europa, impressionou-me o fato de o jornal, o pão e os suvenires vendidos nos lugares turísticos não terem quem os cuidasse. Os preços estampados nos produtos e uma caixinha para deixar o dinheiro e pegar o troco eram o suficiente para a compra. Até os CDs que levei para vender, durante minhas palestras, ficavam na livraria da mesma forma e nada sumia. A sociedade naquele lugar incorporou a honestidade como um valor de todos. Ninguém ousa ser diferente.

Também, um exemplo de meu pai ficou em minha memória. Certa vez, ele encontrou uma carteira cheia de dinheiro, e não descansou enquanto não achou o dono para devolver. Muito tempo depois, fiz o mesmo quando passei pela mesma situação, seguindo seu bom exemplo.

É correta a máxima: *"Honestidade é uma questão de certo e errado, não uma questão de política."*[3] O pastor Bill Hybels, em seu livro "Quem É Você Quando Ninguém Está Olhando?", reafirma este conceito da seguinte forma:

> Caráter — essa palavra raramente aparece na Bíblia. Os jornais e a televisão não a empregam com muita frequência. No entanto, conhecemos bem o seu significado. Quando falta caráter, percebemos de imediato (...). Caráter, disse um sábio certa vez, é o modo como agimos quando ninguém está olhando. Caráter não é o que já fizemos, mas aquilo que somos.[4]

INTEGRIDADE NAS DECISÕES

"Não há graus de honestidade." (Anônimo)[5]

Como se pode ver, o princípio de integridade se forma no conjunto de atitudes: ações e reações que vão sendo aprendidas no decorrer da vida.

À medida que vamos crescendo, cada decisão é avaliada pela nossa integridade. Quando, por exemplo, decidimos viver com as mãos limpas e o coração puro, aprendemos a ver antecipadamente o que pode nos sujar. No livro "Sete Promessas de Um Homem de Palavra", um dos autores, Ph.D. Garry J. Oliver, escreve:

> *Quase todo dia topamos com uma espécie de encruzilhada pela frente. Vemo-nos diante de decisões difíceis, como aconteceu com o profeta Daniel. E em cada caso, nossa decisão final será determinada pelas escolhas que tivermos feito nos dias anteriores para decidirmos qual tipo de atitude assumiríamos.*[6]

Uma das constantes lutas neste sentido é com a mentira. Pelo fato de ser sutil, "a mentirinha", como muitos dizem, parece ser inofensiva. Mas não é, pois acaba por corroer a integridade. Existem pessoas em quem não se pode confiar, pois não se sabe quando estão realmente falando a verdade. Sobre estes, já dizia o filósofo Aristóteles: *"Tudo o que alguém ganha com a falsidade é não receber o crédito quando fala a verdade."*[7] Por isso, devemos ter cuidado ao narrar quaisquer fatos, para que nunca sejam exagerados e fora da verdade, e ensinarmos isso aos nossos filhos. *"O mundo atual sofre com a falta de pessoas íntegras. Não podemos poupar esforços para preparar uma nova geração que se desvie da mentira, do engano e da falsidade."* (Jaime Kemp)[8]

As crises da vida começam quando alguém se ausenta, mesmo que por um pouco, da verdade, que tem tudo a ver com realidade e autenticidade, e também, com honestidade que é integridade. Por isso, o padrão de Deus para o nosso coração é a sinceridade e a verdade, de forma total e integral. Assim sendo, devemos tomar nossas decisões no decorrer da vida sempre sob esse prisma.

Há alguns anos, comprei um estúdio de gravação completo, de uma importadora em São Paulo. Aquele equipamento impulsionaria a qualidade e o profissionalismo de nosso trabalho, que estava em pleno crescimento naquela época. Para isso, assumi uma dívida mensal viável, mas em dólar. O que eu não sabia, contudo, é que em pouco tempo a moeda americana iria disparar, o que dificultou tremendamente o pagamento das mensalidades. Quando percebi que iria atrasar a prestação da dívida, tive que tomar a difícil decisão: devolver tudo e perder o investimento ou buscar outros recursos. Fiz a segunda opção e, então, fui à luta. Vendi tudo o que pude: máquina fotográfica, carro, televisão, diversos aparelhos de som, teclados menores e um monte de miscelâneas mais que, ao serem negociadas, tiraram-me do aperto.

Não há nada que possuamos neste mundo pelo qual valha a pena comprometer a integridade. Tenho certeza de que se eu não tivesse conseguido levantar o dinheiro, eu devolveria o equipamento, pois esse conceito me foi formado no coração para as pequenas e grandes decisões. Vale tanto para um troco me dado a mais na lanchonete, quanto para uma grande quantia depositada errada em minha conta. Ambos serão devolvidos.

"*A vida do homem honesto é um juramento.*" (Richard Sibbes)[9]

OUVINDO A VOZ DA CONSCIÊNCIA

"*Por isso, também me esforço por ter sempre consciência pura diante de Deus e dos homens.*" (Atos 24:16)

"*Minha consciência é escrava da Palavra de Deus.*" (Martinho Lutero)[10]

O apóstolo Paulo faz essa afirmação, a qual foi endossada mais tarde pelo reformador Lutero, realçando a fonte da integridade: a consciência. A consciência humana é um centro de julgamento dado por Deus a cada pessoa. É onde se processa a análise das atitudes, motivações, pensamentos, palavras ditas e não ditas. O bem e o mal, de acordo com os valores que temos e conhecemos, são constantemente avaliados em nossa consciência. É ali que os segredos gritam. É onde as coisas escondidas vêm primeiro à luz. É onde primeiramente somos julgados, penalizados ou absolvidos.

Um grande amigo me contou que, quando jovem, trabalhava na padaria de seu tio. Sua função diária era colocar as diversas sacas de farinha de trigo em um grande misturador de massa que prepararia as centenas de pães para a freguesia. Certo dia, no meio da atividade, viu cair no misturador, de uma das sacas de farinha que ele não revisara devidamente, um pequeno rato que logo foi tragado pela máquina e rapidamente se misturou ao grande volume de massa. Só ele viu e sabia. O pão ficou pronto e foi vendido normalmente pela conceituada padaria. Ninguém reclamou de nada a não ser a consciência do jovem, que tinha que ter parado a produção e assumido seu erro no momento que viu o rato. A angústia foi tanta que não o deixou dormir. No dia seguinte, foi chorando confessar tudo a seu tio, movido pelo desejo único de ter o coração limpo.

Situações assim são normais na vida de qualquer pessoa. É comum vivermos conflitos interiores resultantes da análise que nossa consciência faz sobre nós mesmos constantemente. Por isso, erros e falhas que às vezes ficam para trás sem acerto, coisinhas que no dia a dia deixamos passar, uma simples palavra ou ação acabam maculando nossa consciência.

O certo e o errado, que são princípios universais com bases sociais, religiosas, biológicas, físicas e culturais, fazem parte da imensidão de conceitos firmados em nosso caráter desde a infância e vão se ampliando no decorrer da vida, tornando-se uma baliza invisível. É verdade que, quando se é cristão, a Palavra de Deus deve ser o referencial, acima de qualquer outro, sobre esse assunto e que nunca deve ser negociado ou relevado.

Precisamos também vigiar porque a persistência em um erro ou o engano podem cauterizar a nossa consciência. Lembro-me da história de um pastor que narrou, sem constrangimento algum, que pagou propina a um juiz para liberar o alvará de funcionamento do local de reunião da igreja. Cuidado: *"Os fins não justificam os meios!"*, como popularmente se diz. Aqui, a consciência já estava cauterizada pela mente e seus argumentos. Outro caso é aquele em que uma súbita paixão é a justificativa para o abandono da família, ainda com a famosa alegação: *"Eu tenho o direito de ser feliz!"* Nesta situação, claramente as emoções cauterizaram a boa consciência. Portanto, fica o aviso: se sua consciência falar, mesmo que baixinho, ouça!

Eis alguns outros textos bíblicos que reforçam o cuidado com a consciência:

"Mantendo fé e boa consciência, porquanto alguns, tendo rejeitado a boa consciência, vieram a naufragar na fé." (1Timóteo 1:19)

"Ora, o intuito da presente admoestação visa ao amor que procede de coração puro, e de consciência boa, e de fé sem hipocrisia." (1Timóteo 1:5)

"Conservando o mistério da fé com a consciência limpa." (1Timóteo 3:9)

"Orem por nós. Estamos certos de que temos consciência limpa e desejamos viver de maneira honrosa em tudo." (Hebreus 13:18 — NVI)

"*E isso é representado pelo batismo que agora também salva vocês — não a remoção da sujeira do corpo, mas o compromisso de uma boa consciência diante de Deus — por meio da ressurreição de Jesus Cristo.*" (1Pedro 3:21 — NVI)

"*Contudo, façam isso com mansidão e respeito, conservando boa consciência, de forma que os que falam maldosamente contra o bom procedimento de vocês, porque estão em Cristo, fiquem envergonhados de suas calúnias.*" (1Pedro 3:16 — NVI)

"*Aproximemo-nos, com sincero coração, em plena certeza de fé, tendo o coração purificado de má consciência e lavado o corpo com água pura.*" (Hebreus 10:22)

RECUPERANDO A BOA CONSCIÊNCIA

Pela frequência de determinados pensamentos, que dão à luz a erros e práticas equivocadas e que podem até mesmo se tornar hábitos, a consciência entra em um processo de cauterização, isto é, uma perda gradativa não apenas da força de reação, mas também do discernimento, o que impede o reconhecimento do que é certo e errado. Esse processo deteriora a capacidade de analisar as atitudes, pondo em colapso os princípios e os valores. Por isso, Paulo afirma em Romanos 14:22: "*Bem-aventurado é aquele que não se condena naquilo que aprova.*"

O problema da cauterização da consciência é que quando ela se estabelece em uma determinada área, abre caminho para facilmente acontecer o mesmo em outras. Quando alguém passa a desprezar valores morais quanto à família, por exemplo, facilmente o fará com respeito às finanças e à verdade.

Mas é possível transformar este quadro, retornando à sã consciência.

Em primeiro lugar, devemos reconhecer sinceramente que nossa consciência está cauterizada e que isso precisa ser mudado em nosso interior. Esse reconhecimento deve ser acompanhado de uma atitude de arrependimento diante de Deus por termos deixado nossa consciência ser petrificada pela permanência no erro ou engano. E também, deve haver o claro arrependimento por termos deixado isso acontecer.

O próximo passo é uma confissão, ou seja, a declaração definida e bem pontuada de nossos erros e maus hábitos. Ao contrário do que muitos pensam, essa atitude não é para trazer culpa, condenação ou exposição, mas, sim, libertação e luz. Essa confissão deve ser feita primeiramente a Deus. E sobre isso Corrie Ten Boom declara: *"Quando confessamos algo a Deus, ele joga esta falta no fundo do mar e coloca uma placa dizendo: proibido pescar."*[11]

Porém, é importante ainda falarmos com clareza na presença de alguém em quem confiamos: um pai ou uma mãe, um pastor, um padre ou um terapeuta, um amigo ou uma amiga, alguém que possa ser um conselheiro e apoio nesse evento de liberação de nossa alma. Prioritariamente alguém que tenha a mesma fé e princípios que nós.

Por último vem, então, a restituição. Quando nossas atitudes causaram danos a outras pessoas, devemos restituir o mais breve que pudermos, reparando prejuízos, quando isso é possível.

Percebe-se, assim, que todo esse processo tem em si uma alta dose de humildade que é, sem dúvida, um ingrediente primordial na restauração da sã consciência de qualquer um que queira ser totalmente restaurado.

Finalmente, cito Mary S. Wood: *"Para que a consciência seja dirigida pelo Espírito de Deus, ela precisa ser governada pela Palavra de Deus."*[12]

BIBLIOGRAFIA

[1] BLANCHARD, John. *Pérolas Para a Vida*, pág.213. São Paulo: Editora Vida Nova, 1993.
[2] BLANCHARD, John. *Pérolas Para a Vida*, pág.212. São Paulo: Editora Vida Nova, 1993.
[3] BLANCHARD, John. *Pérolas Para a Vida*, pág.190. São Paulo: Editora Vida Nova, 1993.
[4] HYBELS, Bill. *Quem É Você Quando Ninguém Está Olhando?*, págs.7,8. Belo Horizonte: Editora Betânia, 2005.
[5] BLANCHARD, John. *Pérolas Para a Vida*, pág.191. São Paulo: Editora Vida Nova, 1993.
[6] OLIVER, Gary J. et al. *Sete Promessas de Um Homem de Palavra*, pág.104. Belo Horizonte: Editora Betânia, 1996.
[7] BLANCHARD, John. *Pérolas Para a Vida*, pág.239. São Paulo: Editora Vida Nova, 1993.
[8] KEMP, Jaime. *Meu filho cresceu e agora? Convivendo com o adolescente contemporâneo*, pág.204. São Paulo: Hagnos, 2005.
[9] BLANCHARD, John. *Pérolas Para a Vida*, pág.191. São Paulo: Editora Vida Nova, 1993.
[10] BLANCHARD, John. *Pérolas Para a Vida*, pág.73. São Paulo: Editora Vida Nova, 1993.
[11] BOOM, Corrie Ten. *Andarilha Para o Senhor*. São Paulo: Editora Vida, 1976.
[12] BLANCHARD, John. *Pérolas Para a Vida*, pág.73. São Paulo: Editora Vida Nova, 1993.

11° PRINCÍPIO

PRESERVAR A VIDA

"Exorto-te, perante Deus, que preserva a vida de todas as coisas..."

1Timóteo 6:13

"O que preserva com vida a nossa alma e não permite que nos resvalem os pés."

Salmo 66:9

A principal marca de Deus, em tudo, é a vida; pois, só ele pode criá-la e mantê-la. Como está escrito em 1Samuel 2:6, é Deus quem dá e tira a vida. Por isso, um dos dez mandamentos é claro: não matarás. Este preceito, eu acredito que foi dado para que o homem aprenda a cuidar da maior dádiva da criação: a vida. Se, portanto, algo mata, não queiramos, não almejemos, não aprovemos, não assistamos e tampouco divulguemos. Quando se sabe que um caminho leva à morte, física ou espiritual, este não deve ser trilhado. Um alvo constante em nossa caminhada deve ser: sempre proteger e promover a vida.

Preservar a vida é uma das formas de expressão do amor de Deus no ser humano. Quando o fazemos nos unimos a Ele neste objetivo sublime. Observamos o cuidado e a proteção até mesmo nos animais, principalmente nas fêmeas, ao nascerem suas crias. Muito mais nos seres humanos, é inegável a transformação na vida de uma mãe e um pai, no sentido de zelar e preservar, quando se tornam pais, mesmo que de filhos adotivos. E se isso não acontece, é porque há trauma, doença, problema de caráter ou de cauterização da consciência. O normal, natural e sadio é buscarmos sempre a preservação da vida. Somente um coração que se afasta de Deus e de seus princípios pode abrigar pensamentos de atentar contra sua própria vida, contra a vida de outros, ou ainda, contra a vida de alguém que está sendo gerado pelo Criador em seu ventre.

Indo além no conceito de preservar, protegendo e promovendo a vida, Deus espera que amemos nossos semelhantes, porque Ele é amor. (1João 4:16) Enviou Jesus a terra para nos salvar, por amor a todos e a cada um de nós. (João 3:16) O amor promove a vida. *"Se alguém disser: Amo a Deus, e odiar a seu irmão, é mentiroso; pois aquele que não ama a seu irmão, a quem vê, não pode amar a Deus, a quem não vê."* (1João 4:20) *"Pois isto: Não adulterarás, não matarás, não furtarás, não cobiçarás, e se há qualquer outro mandamento, tudo nesta palavra se resume: Amarás ao teu próximo como a ti mesmo. O amor não pratica o mal contra o próximo."* (Romanos 13:9-10) Sem dúvida, também precisamos ter amor próprio e cuidar de nós mesmos como santuários de Deus (1Coríntios 3:16), preservando nossa alma, espírito e corpo; e amarmos e cuidarmos de nosso próximo de igual maneira. Isso me faz lembrar de um provérbio muito antigo, atribuído por alguns a Confúcio: *"Não faça aos outros aquilo que não gostaria que fizessem a você."*[1] Não somente tirar a vida de alguém gera morte; preconceito, discriminação, rejeição, abandono, indiferença, vingança, ódio e injustiça são promotores de morte também. Jesus nos ensina um princípio muito mais elevado do que este provérbio, ao dizer em Lucas 6:31: *"Como quereis que os homens vos façam, assim*

11º princípio: PRESERVAR A VIDA

fazei-o vós também a eles." Ele nos convida a sairmos da passividade para sermos ativamente promotores de vida. Martin Luther King Jr., pastor protestante e ativista político em prol dos direitos civis dos negros nos EUA, assassinado em 1968, disse: *"A prática do amor aos inimigos é a única esperança para a sobrevivência da nossa civilização."*[2] O próprio Jesus nos exortou sobre isso, em Lucas 6:27: *"Digo-vos, porém, a vós outros que me ouvis: amai os vossos inimigos, fazei o bem aos que vos odeiam."* Como cristãos, há uma expectativa divina a nosso respeito: que sejamos aqueles que sempre preservam e promovem a vida por onde passam. *"Seja um homem de tal conduta e viva de tal maneira que, se todos os homens fossem como você e todas as vidas como a sua, esta terra seria o paraíso de Deus."* (Phillips Brooks)[3]

O DOM DA VIDA

Parece simples, mas os cientistas não conseguem definir claramente o que é vida. Muitos filósofos tentam descrevê-la como um fenômeno que anima a matéria. Por mais que a ciência moderna consiga criar qualquer coisa, fruto do desenvolvimento profundo da química, física, matemática e biologia, que se unem à informática e a tantas outras áreas; contudo, toda essa pesquisa e tecnologia não foram ainda capazes de gerar o sopro da vida. Os cientistas podem modificar plantas e animais, alterando espécies em laboratórios, transformando sementes e embriões, mas sempre a partir do que tem vida. Não existe geração de vida partindo de não vida ou morte. Por isso a *bios (em grego = vida biológica)* é algo tão fantástico. Nos seres humanos, esta vida, com toda a sua grandiosidade, é colocada por Deus em um minúsculo espermatozoide, a menor célula do corpo, que nem se vê sem a ajuda de um microscópio; e em um óvulo, que é a maior célula humana, mas mal pode ser vista a olho nu. E o que dizer de um pequeno óvulo maduro fecundado que se desenvolve até formar um corpo humano ou uma grande árvore, ambos com milhões de células cheias de capacidades e potenciais? A vida biológica que existe em abundância desde os seres microscópicos até os maiores seres vivos, tanto animais como vegetais, demonstra a imensidão do poder criador em toda a natureza. Do micro ao macro, é o extraordinário espetáculo da vida.

Em abril de 2015, noticiou-se em todo o mundo sobre um bebê de cinco meses que ficou soterrado por 22 horas nos escombros de um prédio de quatro andares, em consequência de um terremoto, na cidade de Catmandu, no Nepal. Permaneceu ali, sem alimento e água, sem cuidado algum e respirando poeira, mas sobreviveu porque a chama da vida se manteve nele. Outro dia, fiquei vendo uma aranha montando sua teia em um final de tarde. Era pequena, porém cheia de capacidade ao realizar sua missão diária para se alimentar, mantendo seu casulo e gerando segurança em caso de perigo, tudo por um instinto imperativo de vida existente em cada espécie.

É maravilhoso saber que, para onde quer que se olhe neste mundo, sempre existe vida. Já estive nos desertos mais áridos da terra e pude ver que, onde menos se espera, ali está uma plantinha, um inseto ou animal qualquer que se adaptou àquele ambiente inóspito. Até no Mar Morto existem algas, o que é inacreditável!

Ao olharmos para a raça humana, cada pessoa é uma estrutura grandiosa de vida, uma obra prima de Deus. Pois o *Homo sapiens (em latim = homem sábio)* como é chamado cientificamente, não é apenas um ser com vida biológica física ou corpórea, mas também, com vida intelectual e espiritual que, de igual forma, devem ser preservadas. Portanto, *"não podemos viver apenas por viver."* (Richard Sibbes)[4] Vivamos para proteger e promover a vida.

11º princípio: **PRESERVAR A VIDA**

A MORTE

"Correr da morte é tão impossível quanto correr de nós mesmos." (William Gurnall)[5] E isso *"porque os vivos sabem que hão de morrer."* (Eclesiastes 9:5) Foi o que Deus disse a Adão em Gênesis 3:19: *"No suor do rosto comerás o teu pão, até que tornes à terra, pois dela foste formado; porque tu és pó e ao pó tornarás."*

Infelizmente, também existe morte para onde quer que olhemos. A morte, quando natural, por mais difícil que seja, é compreensível. Mas o homem é o grande responsável e protagonista principal do extermínio tanto da vida existente na natureza quanto de seus semelhantes, causando até mesmo a extinção de animais e vegetais e, principalmente, verdadeiros massacres na raça humana. Na história recente, ao mesmo tempo em que a Ciência e as leis tentam proteger a vida, estes mesmos fatores são usados para impulsionar a capacidade de extermínio da espécie.

O que o período anterior à revolução científica, no qual a Ciência estava atrelada à Filosofia, e a falta de conhecimento mataram em épocas como Idade Média, quando pestes arrasadoras e guerras irracionais e sangrentas se alastravam pela Ásia e Europa, é bem menor do que a mortandade que hoje a abundância do conhecimento permite, através de armas e guerras. Além disso, o desenvolvimento não sustentável e o crescimento populacional desordenado são também fatores que promovem a extinção de inúmeras espécies de animais e vegetais.

A atitude em prol da vida é, portanto, uma das virtudes a serem resgatadas. Não só o ser humano, nosso semelhante, como também um simples animal ou uma árvore precisam ter o seu valor devolvido, pois todos possuem a marca divina da vida.

Ampliando esse conceito que, para muitos, pode parecer ingênuo e pacifista, posso ainda afirmar que a radicalidade na preservação da vida humana é o que certamente promove a propagação do propósito eterno de Deus para os homens, que é: "ter uma família de uma multidão de filhos, semelhantes a Cristo Jesus."

PRESERVANDO A VIDA

"Tome conta de sua vida, e o Senhor tomará conta de sua morte."
(George Whitefield)[6]

Sem dúvida, toda a atitude em favor da vida é a parte que toca a cada um de nós, e enquanto seres viventes, porque quando tornarmos ao pó, o destino de nossas almas será de acordo com as escolhas que fizemos em vida.

Em sua essência, a estrutura do homem é triuna, isto é, todos somos: corpo, alma e espírito. Esta verdade está claramente expressa em 1Tessalonicenses 5:23: *"O mesmo Deus da paz vos santifique em tudo; e o vosso espírito, alma e corpo sejam conservados íntegros e irrepreensíveis na vinda de nosso Senhor Jesus Cristo."* Muitos acham que a alma e o espírito são a mesma coisa; porém, Hebreus 4:12 nos mostra que são distintos entre si: *"Porque a palavra de Deus é viva, e eficaz, e mais cortante do que qualquer espada de dois gumes, e penetra até ao ponto de dividir alma e espírito, juntas e medulas, e é apta para discernir os pensamentos e propósitos do coração."* Assim vemos, de forma evidente e inequívoca, que possuímos uma dimensão tríplice. O teólogo Elienai Cabral, em seu artigo: *"A tricotomia do homem"*, faz a seguinte citação: *"Certo autor cristão escreveu que corpo, alma e espírito não são outra coisa que a base real dos três elementos do homem: consciência do mundo externo, consciência própria e consciência de Deus."*[7] Como seres humanos, precisamos cuidar e proteger a vida na amplitude destes três aspectos.

O Corpo

Pode ser difícil de aceitar, mas a morte do corpo é simples de entender. Uma doença, acidente, guerra, homicídio ou, até mesmo,

11º princípio: PRESERVAR A VIDA

suicídio acabam com muitas vidas todos os dias. Isso porque, ao mesmo tempo que o corpo é resistente a tantas coisas, tem suas limitações e fragilidades diante de determinadas enfermidades, de incêndios, inundações, terremotos, atropelamentos, e outras situações de catástrofes, sem falar nas armas de fogo e de destruição em massa. Por isso, é necessário aprendermos a zelar por nossa saúde e a guardar nosso corpo físico de exposição ao perigo, quando isso é possível ou previsível.

Quando jovem, fui atleta. Era muito magro e forte, por isso corria grandes distâncias. Com o passar do tempo, aumentaram as atividades e responsabilidades, vieram o casamento e os filhos, e eu fui relaxando o cuidado com a saúde, deixando a prática de exercícios físicos. Então, surgiram problemas ortopédicos e de coluna, e a temida obesidade. Passaram-se mais de vinte anos para eu me conscientizar de que não estava preservando meu corpo físico como templo do Espírito Santo e que isso necessitava de uma atenção metódica, diária e constante. Precisei de orientação médica e também, mudar de hábitos com muita força de vontade, para reverter o quadro; o que procuro manter até hoje. É muito importante zelarmos pelo nosso corpo, pois nele está a preciosa vida que Deus nos deu.

Fora a manutenção do exercício físico e a revisão médica periódica de nossa condição de saúde, muitos outros cuidados se fazem necessários para o bem-estar do corpo. Dar atenção à segurança, higiene, alimentação saudável, evitar exageros e respeitar a necessidade de descanso juntam-se a tantos outros fatores que preservam o bem viver.

Apesar do enfoque e responsabilidade serem individuais, passam a ser coletivos, quando cada pessoa se preocupa em promover esses aspectos na vida de outros também. Então, ao buscarmos zelar pelo corpo dessa forma, ensinamos nossos filhos e aqueles que nos cercam a fazê-lo, e eles naturalmente transmitirão isso a outros.

Mesmo que cuidemos de cada um destes aspectos, precisamos aprender a viver pela fé, crendo nas promessas que a Palavra de Deus nos traz. Quando decidimos entregar nossa vida em suas mãos, Ele acampa seus anjos ao nosso derredor para nos guardar e proteger, como afirma o salmo 91:

> *"O que habita no esconderijo do Altíssimo e descansa à sombra do Onipotente diz ao SENHOR: Meu refúgio e meu baluarte, Deus meu, em quem confio. Pois ele te livrará do laço do passarinheiro e da peste perniciosa. Cobrir-te-á com as suas penas, e, sob suas asas, estarás seguro; a sua verdade é pavês e escudo. Não te assustarás do terror noturno, nem da seta que voa de dia, nem da peste que se propaga nas trevas, nem da mortandade que assola ao meio-dia. Caiam mil ao teu lado, e dez mil, à tua direita; tu não serás atingido. Somente com os teus olhos contemplarás e verás o castigo dos ímpios. Pois disseste: O SENHOR é o meu refúgio. Fizeste do Altíssimo a tua morada. Nenhum mal te sucederá, praga nenhuma chegará à tua tenda. Porque aos seus anjos dará ordens a teu respeito, para que te guardem em todos os teus caminhos. Eles te sustentarão nas suas mãos, para não tropeçares nalguma pedra. Pisarás o leão e a áspide, calcarás aos pés o leãozinho e a serpente. Porque a mim se apegou com amor, eu o livrarei; pô-lo-ei a salvo, porque conhece o meu nome. Ele me invocará, e eu lhe responderei; na sua angústia eu estarei com ele, livrá-lo-ei e o glorificarei. Saciá-lo-ei com longevidade e lhe mostrarei a minha salvação."*

Ao final, o Salmo afirma que a maior benesse do Deus que cria a vida é a manutenção da mesma. Somos assim, parceiros do Pai nesta função maravilhosa: devemos atentar e cuidar para que fatores externos não abreviem nem a nossa existência, nem a de outras pessoas. Em função disso, devemos nos colocar ao lado dos que sempre proclamam a paz, a conciliação e o diálogo, que são aspectos primordiais na preservação da vida. Pois *"aquele que não é filho da paz não é filho de Deus."* (Richard Baxter)[8]

A Alma

Quanto a alma, por ser um aspecto invisível de nosso ser, necessitamos ter cuidados diferenciados dos que citamos anteriormente. A alma abriga nossas emoções, nosso intelecto e nossa vontade. Desde a infância, ela se desenvolve através de tudo o que vivenciamos gerando um conjunto de hábitos, quer positivos ou negativos, que formam o nosso caráter, o qual é chamado pelos psicólogos de personalidade. No mundo atual, tenho encontrado crianças, jovens e adultos com a alma destruída pelo abandono, descaso, abuso, violência, guerras, acidentes e maus-tratos, pois estes são fatores geradores de morte em nosso interior. É por isso que, como pai, tenho o cuidado de promover a vida e o desenvolvimento saudável da alma de meus filhos, minimizando a força da morte ao nosso derredor.

Muito do que é apresentado pelos meios de comunicação e internet pode também produzir morte. Cenas de violência ou psicologicamente fortes, ou mesmo de sexo, podem matar precocemente aspectos da pureza no coração, desconstruir e até destruir princípios edificados pelos pais, igreja e escola. É, portanto, um dever sublime preservar e proteger nossa alma e a de nossos filhos de tudo o que é destrutivo, pois nossas vidas são preciosas para Deus e dádivas dele.

É oportuno o que disse John R.W. Stott: *"O segredo do viver santo está na mente."*[9] Sobre isso, Paulo é enfático em Filipenses 4:8 quando declara: *"Finalmente, irmãos, tudo o que é verdadeiro, tudo o que é respeitável, tudo o que é justo, tudo o que é puro, tudo o que é amável, tudo o que é de boa fama, se alguma virtude há e se algum louvor existe, seja isso o que ocupe o vosso pensamento."* E Jesus disse: *"O ladrão vem somente para roubar, matar e destruir; eu vim para que tenham vida e a tenham em abundância. Eu sou o bom pastor. O bom pastor dá a vida pelas ovelhas."* (João 10:10-11) Precisamos ensinar nossos filhos a ouvirem o Bom Pastor e também seguirmos o seu exemplo no cuidado com a vida de suas ovelhas.

O Espírito

O espírito é a parte mais profunda do nosso ser. Como já vimos, a Bíblia enfoca muito bem a divisão entre corpo, alma e espírito. Cada um desses aspectos tem sua importância e vida. O espírito, entretanto, é frequentemente confundido com a alma e, na maioria das vezes, essa mistura rouba dele o cuidado e relevância. Por isso, quero pontuar algumas maneiras de como cuidar bem do espírito.

Em primeiro lugar, é recebendo pela fé a salvação através da obra de Cristo. Jesus foi enviado por Deus para vivificar o espírito humano que estava morto por causa do pecado. A morte de Jesus e sua ressurreição trouxeram de volta a possibilidade de vida ao espírito de todo aquele que crê, como afirma o texto de João 1:12 — *"Mas, a todos quantos o receberam, deu-lhes o poder de serem feitos filhos de Deus, a saber, aos que creem no seu nome."* Neste processo, o próprio Espírito Santo de Deus vem e habita no espírito humano e lhe restaura a vida, fazendo dessa pessoa uma nova criatura não na carne, mas no espírito. O homem se torna um ser restaurado, com livre acesso a Deus como quando Ele o criou. Não mais vivendo sob o pecado da desobediência, afastado do Criador, mas agora debaixo da graça conquistada por Jesus na cruz. E é através dessa obra redentora que o homem passa a ter comunhão com Deus e deve buscar, pelo Espírito Santo, obedecer os princípios de sua Palavra. Pois, como disse Oswald Chambers: "*A melhor medida de uma vida espiritual não são os êxtases, mas a obediência.*"[10]

Em segundo lugar, o já mencionado texto de Hebreus 4:12 afirma ser a Palavra de Deus um instrumento eficiente no cuidado com o espírito, ao dizer que ela "*é viva, e eficaz,...e penetra até ao ponto de dividir alma e espírito,...e é apta para discernir os pensamentos e propósitos do coração.*" Entendo, portanto, que somente Deus pode identificar, fazer as devidas separações, reparações, trazer discernimento, arrependimento e cura no mais íntimo do nosso ser, dando vida abundante ao espírito humano.

E, por último, enfatizo que manter a comunhão com Deus é um fator de igual importância para a preservação do espírito. A oração e os cânticos de adoração e louvor são essenciais neste propósito.

Quem aprende a parar com a rotina e as lides da vida para ter um tempo com Deus estará construindo valores profundos em seu interior. Com o hábito, aprenderá a ouvir a voz de Deus em seu coração, fazendo com que a sua Palavra assim se torne viva e eficaz em seu espírito. "*A comunhão com Deus é o princípio do céu.*" (William Bates)[11]

Qualquer outra especulação quanto ao cuidado com o espírito, sem Jesus, sem a Palavra e sem a comunhão com Deus, não poderá produzir vida. Isso porque trevas não podem gerar luz. Pelo contrário, existem práticas espiritualistas, seitas e religiões que levam ao engano, a apatia, ao desvalor e a escravidão. A Bíblia considera morte espiritual o estar separado de Deus, afastado de sua presença. "*Mas Deus, sendo rico em misericórdia, por causa do grande amor com que nos amou, e estando nós mortos em nossos delitos, nos deu vida juntamente com Cristo.*" (Efésios 2:4-5)

Por isso, quando se fala da preservação de vida, o enfoque é levar as pessoas ao conhecimento da verdade à luz do Evangelho, que é o poder de Deus para a salvação de todo aquele que crer. Pois disse Jesus: *"Eu sou o caminho, e a verdade, e a vida; ninguém vem ao Pai senão por mim."* (João 14:6)

DANDO CONTINUIDADE À ESPÉCIE

Finalmente, vem então a procriação. Nela nos tornamos parceiros de Deus na preservação da vida através da paternidade e maternidade, que é a maneira suprema e divina para a continuidade da espécie humana.

Hoje em dia há uma corrente maligna que tenta enfraquecer a força da continuidade da vida, distorcendo a sexualidade, maculando assim a instituição da família. Porém, aquele que compreende a vida através da Bíblia, por revelação divina, não se deixa confundir, pois, para Deus, homem é homem e mulher é mulher. Evidentemente, cada um dos sexos tem em si características físicas e capacidades biológicas para a manutenção da vida. Por mais que tentem ou queiram, isso não pode ser mudado.

Finalizo, citando o Salmo 36:6-9 em que Davi declara: *"Tu, SENHOR, preservas os homens e os animais. Como é preciosa, ó Deus, a tua benignidade! Por isso, os filhos dos homens se acolhem à sombra das tuas asas. Fartam-se da abundância da tua casa, e na torrente das tuas delícias lhes dás de beber. Pois em ti está o manancial da vida; na tua luz, vemos a luz."*

BIBLIOGRAFIA

[1] LAURETTI, Lélio. Apresentação *"Ética Interpessoal e Responsabilidade Social"*, Slide 16. Disponível em: <slideplayer.com.br/slide/7679246/>. Acesso em: 24 de abril de 2016.

[2] KIVITZ, Ed René. *Guerra Santa-nás*. Disponível em: <guia-me.com.br/colunistas/Ed-rene-kivitz/guerra-santa-nas.html>. Acesso em: 10 de abril de 2016.

11º princípio: **PRESERVAR A VIDA**

[3] BLANCHARD, John. *Pérolas Para a Vida*, pág.401. São Paulo: Editora Vida Nova, 1993.
[4] BLANCHARD, John. *Pérolas Para a Vida*, pág.403. São Paulo: Editora Vida Nova, 1993.
[5] BLANCHARD, John. *Pérolas Para a Vida*, pág.246. São Paulo: Editora Vida Nova, 1993.
[6] BLANCHARD, John. *Pérolas Para a Vida*, pág.403. São Paulo: Editora Vida Nova, 1993.
[7] CABRAL, Elienai. *A Tricotomia do Homem*. Disponível em: <http://www.cpadnews.com.br/blog/elienaicabral/.../a-tricotomia-do-homem.html>. Acesso em: 10 de abril de 2016.
[8] BLANCHARD, John. *Pérolas Para a Vida*, pág.284. São Paulo: Editora Vida Nova, 1993.
[9] BLANCHARD, John. *Pérolas Para a Vida*, pág.238. São Paulo: Editora Vida Nova, 1993.
[10] BLANCHARD, John. *Pérolas Para a Vida*, pág.140. São Paulo: Editora Vida Nova, 1993.
[11] BLANCHARD, John. *Pérolas Para a Vida*, pág.67. São Paulo: Editora Vida Nova, 1993.

Fonte de pesquisa sobre a tricotomia do homem:

CABRAL, Elienai. *A Tricotomia do Homem*. Disponível em: <http://www.cpadnews.com.br/blog/elienaicabral/.../a-tricotomia-do-homem.html>. Acesso em: 10 de abril de 2016.

12º PRINCÍPIO

AMAR E HONRAR

"Acima de tudo isto, porém, esteja o amor, que é o vínculo da perfeição."

Colossenses 3:14

"Honra teu pai e tua mãe, para que se prolonguem os teus dias na terra que o SENHOR, teu Deus, te dá."

Êxodo 20:12

"É possível dar sem amor, mas é impossível amar sem dar."

Richard Braunstein[1]

"A honra é uma chave essencial para recebermos do céu."

John Bevere[2]

A Bíblia sagrada declara que o amor é o dom supremo de Deus. E quanto à honra, a citação do livro de Êxodo afirma ser uma atitude que traz a bênção da longevidade sobre quem a pratica na terra.

Para entendermos melhor o que o amor significa à luz da Bíblia, precisamos saber que o Novo testamento foi escrito em grego, mesmo tendo a presença de palavras de origem hebraica e padrões hebraicos, pois assim era a língua grega falada pelos judeus na

12º princípio: AMAR E HONRAR

época. Até mesmo a versão grega da Bíblia hebraica (Antigo Testamento), a Septuaginta, foi traduzida para o grego por judeus. O grego é um dos mais ricos idiomas do mundo, que é capaz de expressar sutis diferenças de significado com palavras distintas, enquanto em português o fazemos com um único vocábulo. O amor, tanto no Antigo como no Novo Testamento, foi grafado em grego com diferentes palavras, de acordo com as mudanças na expressão deste rico sentimento, porém ficamos restritos nas traduções a apenas uma palavra. Entretanto, ao compreendermos a essência do que esse pequeno termo significa, cada vez que é citado nas Escrituras Sagradas, ampliaremos o nosso conhecimento de Deus e de Sua vontade para conosco. Em grego, o amor é expresso na Bíblia através de quatro formas distintas: o amor *"eros"*, o amor *"filia"*, o amor *"storge"* e o amor *"ágape"*.

O amor *"eros"* está relacionado à paixão e principalmente ao prazer físico. É o amor da relação sexual. Daí vem a palavra erótico, termo que acabou adquirindo uma conotação pejorativa. Porém, não há nada de pecaminoso sobre o amor *"eros"*, pois é aquele que ocorre entre um homem e uma mulher, desde que esteja dentro dos limites do casamento, como a Palavra de Deus nos orienta. Esse tipo de amor não é citado no Novo Testamento, mas o encontramos no Antigo Testamento em Ester 2:17: *"O rei amou a Ester mais do que a todas as mulheres, e ela alcançou perante ele favor e benevolência mais do que todas as virgens; o rei pôs-lhe na cabeça a coroa real e a fez rainha em lugar de Vasti."*

O amor *"filia"* está relacionado à amizade. É o amor fraternal, social, que os amigos têm uns pelos outros. Também pode existir entre os parentes, mas é mais frequentemente associado a uma profunda e duradoura amizade. Esse tipo de amor foi usado no Novo Testamento para expressar o amor de Jesus por Lázaro, em João 11:3: *"Mandaram, pois, as irmãs de Lázaro dizer a Jesus:*

Senhor, está enfermo aquele a quem amas." Também em João 20:2, o termo aparece falando do amor do Senhor pelo discípulo amado: *"Então, correu e foi ter com Simão Pedro e com o outro discípulo, a quem Jesus amava, e disse-lhes: Tiraram do sepulcro o Senhor, e não sabemos onde o puseram."*

O amor *"storge"* está relacionado à natural afeição familiar. É o amor que une o marido à sua mulher, bem como os pais aos filhos e os irmãos entre si. Trata-se do amor no qual há lealdade baseada num laço de intimidade. Na literatura secular era usado para a lealdade a um governante ou nação, ou até mesmo a um ídolo doméstico pagão. Entretanto, o filósofo grego Platão, usando esse termo, escreveu: *"Um filho ama e é amado por aqueles que o geraram."* No contexto bíblico, a expressão também se refere aos laços de família. No Novo Testamento, esse tipo de amor aparece em uma expressão que combina *"filia"* com *"storge"* (*filóstorgos*) traduzida como "amar cordialmente": *"Amai-vos cordialmente uns aos outros"* (Romanos 12:10), isto é, amai-vos com amor de irmãos, membros da mesma família.

O amor *"ágape"* é o que tem origem no próprio Deus, que é a revelação absoluta desse amor, como citado em 1João 4:7-8: *"Amados, amemo-nos uns aos outros, porque o amor procede de Deus; e todo aquele que ama é nascido de Deus e conhece a Deus. Aquele que não ama não conhece a Deus, pois Deus é amor."* Aqui, a passagem bíblica nos exorta a nos amarmos uns aos outros com o amor *"ágape"*, explicando que o próprio Deus é esse amor e que somente quem o conhece pode amar desta maneira. Esse tipo de amor é o mais abnegado que existe. É o amor de Deus por nós, expresso em João 3:16: *"Porque Deus amou ao mundo de tal maneira que deu o seu Filho unigênito, para que todo o que nele crê não pereça, mas tenha a vida eterna."* O amor *"ágape"* é aquele que se doa, que se entrega, que é incondicional, que é infalível e eterno, como descrito em 1Coríntios 13:4-7: *"O amor é paciente, é benigno; o amor não arde em ciúmes, não se ufana, não se ensoberbece, não se conduz inconvenientemente, não procura os seus interesses, não se exaspera, mas se ressente do mal; não se alegra com a injustiça, mas regozija-se com a verdade; tudo sofre, tudo crê, tudo espera, tudo suporta. O amor jamais acaba..."* Somente com esse amor é possível amarmos os nossos inimigos, como Jesus nos pede em Mateus 5:44. Nas sociedades antigas de língua grega, o termo *"ágape"* era raramente utilizado; contudo, segundo o escritor Jack Wellman[*], no Novo Testamento ele ocorre 320 vezes, seja como verbo, adjetivo ou substantivo.

Os seres humanos possuem, por natureza, os três tipos de amor mencionados anteriormente (*"eros", "filia" e "storge"*); porém, o amor *"ágape"* só passa a operar em nossa vida quando nos tornamos templos do Espírito Santo, através da conversão a Cristo. Com Jesus em nós, podemos e devemos amar a Deus com o amor *"ágape"*, segundo o mandamento expresso em Marcos 12:30: *"Amarás, pois, o Senhor, teu Deus, de todo o teu coração, de toda a tua alma, de todo o teu entendimento e de toda a tua força."* Este é o amor com que Deus nos ama e com o qual devemos amar ao próximo: *"Novo mandamento vos dou: que vos ameis uns aos outros; assim como eu vos amei, que também vos ameis uns aos outros."* (João 13:34) Deus quer expressar o Seu amor através de nós!

Em nossos dias, o amor é comumente reduzido ao amor *"eros"* por muitos. Por outros, é entendido apenas como amor *"filia"* ou *"storge"*, o que os leva a buscar o bem uns dos outros, desde a família a toda sociedade. Até mesmo, tudo o que deveria expressar na terra o amor *"ágape"*, que é o amor supremo, é substituído por meras práticas religiosas ou apenas por boas obras. Essa compreensão humana do que é amar, bem como suas expressões, é totalmente limitada para entender a amplitude do amor que

Deus espera que expressemos como Seus filhos. Isso porque, nas palavras de William Barclay:*"O ágape cristão é impossível para qualquer um, exceto para um homem cristão."*[3]

"A grande razão por que o pensamento cristão se fixou em ágape é que esta palavra exige o exercício do homem todo. O amor cristão não deve apenas se estender aos nossos mais próximos e mais queridos, nossa parentela, nossos amigos e aqueles que nos amam; o amor cristão deve estender-se à comunidade cristã, ao próximo, ao inimigo, a todo o mundo." (William Barclay)[4] Se eu pudesse sintetizar o amor mais profundo em uma única palavra, seria esta: doação. Pegar o que tenho e o que sou, e dar a alguém sem esperar nada em troca. Os sentimentos humanos podem passar ou mudar, mas o amor "doação" não, porque é uma atitude, uma decisão que independe daquele que recebe. A origem deste amor é divina e nasce do relacionamento do homem com Deus, que o torna canal de Seu próprio amor. É muito mais que uma emoção que brota de forma espontânea no coração, é um princípio pelo qual passamos a viver. Decidimos ser canais do amor de Deus para aqueles que nos cercam.

Também acrescento a esse amor, a honra. Acredito que a honra, tanto quanto o amor, é um princípio divino e uma atitude imprescindível nos relacionamentos. A Palavra de Deus ensina a honrar o pai e a mãe, os mais velhos, os nossos guias, os que nos presidem, a esposa e, de modo geral, *"a quem honra, honra."* (Romanos 13:7) Associei o amor à honra propositalmente, pois a falta da honra, ou ainda a desonra, empobrecem o amor; assim como a honra sem amor é mera formalidade, podendo ser oportunista, interesseira, aduladora ou, até mesmo, imposta. Porém, quando a honra é acompanhada pelo amor, ela se torna ainda mais relevante para quem a dá e para quem a recebe. Entretanto, o que quero enfocar principalmente aqui é que: o verdadeiro amor honra e a verdadeira honra ama.

Por isso, sempre que expressamos o amor de Deus, honrando aos que estão ao nosso derredor, nos tornamos fonte de bênção e testemunhas do amor divino por todas as pessoas. O escritor John Bevere, em seu livro "Debaixo das Suas Asas", traz a seguinte definição para honra:

> A palavra grega para honra é *TIMAO, que significa honrar, dever honra, reverenciar...* É a mesma palavra usada por Jesus quando Ele disse,*"honro a meu Pai"* (Jo 8:49). A versão de 1828 do Dicionário Webster define a palavra honra como *"reverenciar, respeitar, tratar com consideração e submissão e obedecer."*[5]

O MAIOR EXEMPLO DE HONRA

"Onde não há reverência, certamente está faltando a espécie mais elevada de amor." (Peter Green)[6]

Não há ninguém maior que Jesus, que se possa mencionar na Bíblia e fora dela, que tenha dado maior exemplo do que é a verdadeira honra como fruto do amor.

Primeiramente Ele honrou o Pai. Quando foi tentado pelo diabo no deserto, prontamente disse: *"Ao Senhor, teu Deus, adorarás, e só a ele darás culto."*(Mateus 4:10) No decorrer de seu ministério, a honra e o amor foram demonstrados ao priorizar a comunhão com Deus, a oração e a vontade do Pai, vivendo em santidade e, principalmente, obedecendo em tudo, desde as pequenas coisas. *"Disse-lhes Jesus: A minha comida consiste em fazer a vontade daquele que me enviou e realizar a sua obra."*(João 4:34)

Por trinta anos, Cristo conviveu com seus pais, José e Maria, e, por certo, foi um tempo de amor e honra. Isso pode ser visto na Palavra, em Lucas 2:51-52, no testemunho dado sobre Ele, ainda menino, neste Evangelho: *"E desceu com eles para Nazaré; e era-lhes submisso. Sua mãe, porém, guardava todas estas coisas no coração. E crescia Jesus em sabedoria, estatura e graça, diante de Deus e dos homens."* Em seu batismo, confirmando o seu reto proceder em amor e obediência, ouviu-se a voz do próprio Deus dizendo: *"Tu és meu Filho amado, em ti me comprazo."* (Lucas 3:22) E quando Jesus estava na cruz, quase na hora de sua morte, mostrou honra e cuidado para com sua mãe: *"Vendo Jesus sua mãe e junto a ela o discípulo amado, disse: Mulher, eis aí teu filho. Depois, disse ao discípulo: Eis aí tua mãe. Dessa hora em diante, o discípulo a tomou para casa."* (João 19:26-27)

Jesus também honrou as pessoas que orbitavam ao seu redor. Ao ser adorado por uma mulher que o ungiu em Betânia, ele declarou que em qualquer lugar em que o Evangelho fosse pregado, a história do vaso de alabastro com perfume seria lembrada, em memória dela. (Marcos 14:9)

Expressava a honra através do cuidado que tinha para com todos. Homens pobres e ricos, mulheres honradas ou prostitutas, velhos e crianças, sadios ou doentes, todos foram alvos do seu amor e honra. Até mesmo um intruso que desceu pelo telhado, recebeu dele atenção qualificada. (Lucas 5:17-26) Resgatava o valor de quem não tinha, perdoava, curava, alimentava e, principalmente, servia. Sem dúvida, vejo na vida de Jesus o serviço como um fruto direto da honra e do amor. Isso foi o que Ele ensinou com o próprio exemplo aos discípulos: *"Pois o próprio Filho do Homem não veio para ser servido, mas para servir e dar a sua vida em resgate por muitos."* (Marcos 10:45) E nos advertiu em João 13:35 de que é pela prática do amor que seremos reconhecidos como seus discípulos: *"Nisto conhecerão todos que sois meus discípulos: se tiverdes amor uns aos outros."* (João 13:35)

Honrando pai e mãe

A primeira menção de honra na Bíblia está justamente neste texto inserido por Deus nos dez mandamentos: *"Honra teu pai e tua* mãe, para que se prolonguem os teus dias na terra que o SENHOR, teu Deus, te dá." (Êxodo 20:12) E ainda há uma tremenda advertência em Deuteronômio 27:16 (NVI): "*Maldito quem desonrar o seu pai ou a sua mãe. Todo o povo dirá: Amém!*"

A obediência é o maior fruto da honra que um filho pode dar a seus pais. Pois, esse pode ser inteligente, ter habilidades e talentos, pode até demonstrar afeto, mas, se for desobediente, não estará honrando a eles e a expressão de amor desse filho ficará comprometida, resumida a sentimentos e emoções que variam de acordo com as situações e a vontade.

A obediência é também o maior fruto do amor, que é demonstrado através da honra aos pais, aos avós, aos cuidadores, aos professores e a todos quantos tenham sobre um filho autoridade e responsabilidade.

É importante notar que nos primórdios do ensino bíblico, Deus já deixava clara a importância da honra e respeito, principalmente, aos pais. Muito mais tarde, o texto sagrado menciona a honra ao rei, depois às autoridades, aos líderes e aos guias; mas, a honra começa em casa. Um filho que honra pai e mãe naturalmente estenderá essa prática aos outros relacionamentos. Por isso, esse mandamento com promessa é repetido pelo apóstolo Paulo na carta aos Efésios, enfatizando sua importância: "*Filhos, obedecei a vossos pais no Senhor, pois isto é justo. Honra a teu pai e a tua mãe (que é o primeiro mandamento com promessa), para que te vá bem, e sejas de longa vida sobre a terra.*" (Efésios 6:1-3) "*Honrar pai e mãe traz promessas maravilhosas de uma vida longa e boa. Eu iria preferir escolher vida a julgamento.*" (John Bevere)[7]

Honrando os irmãos

"*Amai-vos cordialmente uns aos outros com amor fraternal, preferindo-vos em honra uns aos outros.*" (Romanos 12:10)

"O amor é prático; se não for assim, não é amor." (P.W.Heward)[8]

Acredito que essa referência a irmãos é para aqueles que nos são iguais, tanto em casa quanto fora. É mais fácil honrar quem está acima e, sem dúvida, é mais difícil fazê-lo aos que estão no mesmo nível na família, na escola ou na igreja.

Esse preferir em honra quer dizer: fazer tudo para que os outros recebam mais honra do que nós mesmos. Isso só é possível quando damos o devido valor aos indivíduos, ou seja, quando reconhecemos o valor que cada pessoa tem para Deus.

Para o mundo em geral, pessoas portadoras de necessidades especiais não têm muito valor, mas, na nossa casa e em todo lugar onde convivemos, nossa Aurora é sempre tratada como "princesa" por nós e por todos. Com ela, aprendemos muito sobre honrar aqueles que são frágeis e deficientes, não tão brilhantes e os que parecem "descartáveis". Quando existe amor e honra não há espaço para acepção de pessoas.

A verdadeira honra consiste em considerarmos nossos irmãos em Cristo, e todos aqueles que precisam conhecê-lo, como preciosos, importantes e dignos de nossa atenção e amor; não por aquilo que têm ou que podem dar em troca, mas pelo valor que cada vida tem em si.

Há pouco tempo, tive a oportunidade de participar ativamente, com um grupo de irmãos, do resgate de uma família no Oriente Médio. Eles estavam em situação precária. Haviam perdido tudo o que tinham por causa da guerra. Além disso, todos estavam doentes, machucados e sem recursos ou possibilidades. Apesar de serem de um lugar tão distante, de outra cultura e língua, para nossa equipe, cada membro daquela família teve e tem valor mais que suficiente para serem resgatados e ajudados. Nós é que nos sentimos honrados em podermos servir e honrar aqueles irmãos preciosos para Deus em um momento de tanta necessidade. Quando nos dispomos a honrar aos outros, podemos ter a certeza de que estamos agradando o coração de Deus. A honra aos nossos irmãos de sangue e aos irmãos em Cristo sempre será entendida como amor. E o mesmo acontece com o serviço. Quando servimos de todo coração, demonstramos amor e honra.

Honrando os líderes na igreja

"Os presbíteros que lideram bem a igreja são dignos de dupla honra, especialmente aqueles cujo trabalho é a pregação e o ensino." (1Timóteo 5:17 — NVI)

Nossos guias, sendo eles pastores, padres, bispos, apóstolos, anciãos, presbíteros ou simplesmente nossos líderes, devem receber honra qualificada. Entendi isso, com clareza, convivendo por mais de quarenta anos com meus pastores Erasmo V. Ungaretti e Moysés C. de Moraes.

Essa longa trajetória me ensinou, desde a adolescência, o princípio da honra. Além de terem sido usados por Deus para me pregarem o Evangelho da salvação, participaram também de minha formação cristã, e até hoje ainda cuidam da vida espiritual de nossa família como verdadeiros pais. Há em meu coração uma gratidão profunda a estes pastores, que se expressa em uma atitude de constante respeito. Esse princípio não é limitado somente a estes, com quem convivo, mas também se aplica a todos aqueles a quem Deus tem delegado liderança na Sua Igreja, em qualquer lugar do mundo. Todos são dignos de honra, pois assim a Palavra de Deus nos orienta.

À vista disso, a Bíblia nos ensina claramente a não aceitar denúncia ou acusação contra um líder, a não ser com a presença de duas ou três testemunhas. (1Timóteo 5:19) Isto é, sem dúvida, para salvaguardar a honra do obreiro, mas, acima disso, essa atitude ainda preserva o testemunho da Igreja, como corpo de Cristo, e da fé que professamos.

Honrar o líder é ter amor pela igreja a qual pertencemos e servimos, pois a honra se estende a todos os irmãos e os protege também. Centenas de congregações pelo mundo afora padecem pela falta de honra e de amor a seus membros, porque há entre eles aqueles que, de forma leviana, desonram seus pastores e líderes. Mais do que sofrimento pessoal, quem sangra é o reino de Deus. *"Paulo diz 'honra dobrada', em outras palavras, devemos dar em dobro a honra que daríamos a uma autoridade secular."* (John Bevere)[9]

Honrando as autoridades

"Tratai todos com honra, amai os irmãos, temei a Deus, honrai o rei." (1Pedro 2:17)

"Aqueles que temem a Deus são aqueles que mantêm perante si o Senhor da glória numa posição exaltada e de honra. Eles o conheceram e foram tocados por Sua infinita autoridade. Eles estimam o que Ele estima e abominam o que Ele abomina. Firmemente implantado dentro deles, vive um temor, respeito e reverência por todos em posição de liderança porque Deus é quem delegou Sua autoridade." (John Bevere)[10]

"Todo homem esteja sujeito às autoridades superiores; porque não há autoridade que não proceda de Deus; e as autoridades que existem foram por ele instituídas." (Romanos 13:1)

De igual modo, a honra se aplica àqueles a quem é dada autoridade. Esta pode ser política, civil, militar, policial ou ser um simples porteiro ou zelador de algum lugar e mesmo um sinal de trânsito. A honra e o respeito à autoridade denotam caráter.

12º princípio: **AMAR E HONRAR**

Mesmo tendo crescido em uma família onde desde a infância aprendi com rigidez a respeitar meu pai, que era um militar do Exército Brasileiro, com a rebelião da juventude, passei a não ter mais respeito a nada e a ninguém. Autoridade não significava muito para mim, tanto em casa quanto na rua, pois achava questionável qualquer uma delas. E esta é uma forte tendência na sociedade pós-moderna atual, que é movida pelo humanismo e pela rebelião, onde o homem e sua vontade são o centro em torno do qual tudo orbita.

Quando verdadeiramente Cristo transformou meu coração, minha atitude mudou. Passei a desenvolver esse princípio de honra e até mesmo amor por aqueles a quem Deus constituiu como autoridade, tanto civil quanto familiar. Isso me trouxe bênção e paz.

> *"Estimar o outro mais do que a si mesmo é honrá-lo. Devemos refletir, meditar e avaliar estas palavras em espírito de oração, em todas as atividades e negócios de nossas vidas. Se aprendermos isto e permitirmos que esteja profundamente enraizado em nosso ser, andaremos em grande bênção, pois isso é a verdadeira honra."*
> (John Bevere)[12]

HONRA, AMOR E GRATIDÃO

Como mencionei no início deste capítulo, minha abordagem acerca de amor e honra é a que nos leva a entender que, quando há inteireza de coração, eles geram um conjunto de atitudes interiores e exteriores que caminham juntas. Tive a tentação de separá-las, mas, à medida que escrevia, fui vendo o quanto esse entrelaçamento é importante. O amor sozinho nos leva por um caminho mais de sentimentos, porém, quando unido à honra, torna-se atitude: ações e reações claras, refletidas em todos os relacionamentos.

Amor é um mandamento de Deus para cada um de nós. Como já vimos, Jesus exorta a amar os nossos inimigos e, até mesmo, fazer o bem aos que nos odeiam. (Lucas 6:27) Paulo enfatiza que todos os nossos atos devem ser feitos com amor. (1Coríntios 16:14)

Finalmente, o último aspecto a ser abordado é a gratidão. O ser grato é uma atitude que tem a ver com o atento reconhecimento de ações realizadas por outros a nosso favor, para o nosso bem. É demonstrar às pessoas que interagem conosco, em todos os relacionamentos, que nossa vida ficou melhor com o que fizeram.

Existem vários níveis de gratidão. Há coisas do dia a dia para as quais um simples "muito obrigado" já expressa o agradecimento. Uma gentileza na rua, uma ajuda qualquer, um sorriso ou um abraço exigem o reconhecimento imediato, pois é cortês fazê-lo, embora corriqueiro. Porém, existe outro tipo de gratidão que devemos ter para com os que estão mais próximos: quando ela vem acompanhada de amor e honra.

Muito mais que respeito e agradecimentos corriqueiros, a gratidão se torna até motivo de emoção tanto para quem a expressa quanto para quem a recebe, e mesmo para quem presencia tal atitude, quando ela é respaldada por estes dois princípios. Quando um filho reconhece o que seus pais fizeram por ele no decorrer de sua vida, é a maior recompensa. Sobre isso, Milo H. Gates com sabedoria nos exorta: *"O maior teste de caráter é verificado na quantidade e na força da gratidão que demonstramos."*[11]

Em Malaquias 4:2-6, a Bíblia fala que o coração dos pais se converteria aos filhos e o dos filhos a seus pais, quando nos viesse o sol da justiça, Jesus, para nos trazer salvação. Por certo, quando a luz do Senhor entra em nossa vida, estes princípios de amor, honra e gratidão lideram essa transformação.

BIBLIOGRAFIA

[1] BLANCHARD, John. *Pérolas Para a Vida*, pág.21. São Paulo: Editora Vida Nova, 1993.

[2] BEVERE, John. *A Recompensa da Honra*, pág.35. Rio de Janeiro: Editora LAN, 2009.
[3] BARCLAY, William. *New Testament Words*. Louisville, Kentucky: Westminster John Knox Press, 1976.
[4] BARCLAY, William. *New Testament Words*. Louisville, Kentucky: Westminster John Knox Press, 1976.
[5] BEVERE, John. *Debaixo das Suas Asas*, pág.133. Belo Horizonte: Editora Dynamus, 2002.
[6] BLANCHARD, John. *Pérolas Para a Vida*, pág.350. São Paulo: Editora Vida Nova, 1993.
[7] BEVERE, John. *Debaixo das Suas Asas*, pág.255. Belo Horizonte: Editora Dynamus, 2002.
[8] BLANCHARD, John. *Pérolas Para a Vida*, pág.350. São Paulo: Editora Vida Nova, 1993.
[9] BEVERE, John. *Debaixo das Suas Asas*, pág.161. Belo Horizonte: Editora Dynamus, 2002.
[10] BEVERE, John. *Debaixo das Suas Asas*, pág.135. Belo Horizonte: Editora Dynamus, 2002.
[11] BLANCHARD, John. *Pérolas Para a Vida*, pág.181. São Paulo: Editora Vida Nova, 1993.
[12] BEVERE, John. *A Recompensa da Honra*, pág.154. Rio de Janeiro: Editora LAN, 2009.

Fontes de pesquisa sobre os quatro tipos de amor em grego:

APOLINÁRIO, Pedro. *Explicação de Textos Difíceis da Bíblia: O Amor, a Maior das Virtudes/Quatro Verbos Para Amar, em Grego*. Disponível em: <https://ligadonavideira.wordpress.com/.../explicacao-de-textos-dificeis-da-biblia:o-amor-a--maior-das-virtudes>. Acesso em: 14 de abril de 2016.
BRITO, Marcos. *Os quatro tipos de amor*. Disponível em: <http://www.institutogamaliel.com/.../wp.../wp...pdf.../os-quatro-tipos-de-amor...>. Acesso em: 14 de abril de 2016.
ESTANISLAU, Marcus Vinícius. *Storge e os outros 3 "amores"*. Disponível em: <seed-semeandoaedificacao.blogspot.com/2008/.../storge-e-os-outros-3.html>. Acesso em: 14 de abril de 2016.
SANCHEZ, André. *O que significa Ágape?*. Disponível em: <https://www.esbocandoideias.com/2012/06/o-que-significa-agape-philos-eros.html#sthash.ChcZBUsF.dpuf>. Acesso em: 14 de abril de 2016.
WELLMAN, Jack. *O que é o Amor Ágape?*. Disponível em: <http://filhosdeezequiel.com/o-que-e-o-amor-agape/>. Acesso em: 14 de abril de 2016.

CONCLUSÃO

"*Podemos dizer, sem medo de errar, que, hoje em dia, milhares de famílias estão doentes. Sendo assim, como devemos cuidar da nossa célula, da nossa família, para que ela não seja contaminada? Nós precisamos 'resgatar' e 'restaurar' os valores perdidos, ensinar aos nossos filhos quais são os padrões bíblicos, imprimir esses conceitos na vida deles por meio do nosso próprio exemplo e incentivá-los a confiarem no Senhor.*"

Jaime Kemp[1]

Faço minhas as palavras deste precioso conselheiro, encorajando pais e mães, e a todos aqueles que têm tido a oportunidade de serem responsáveis ou terem influência sobre crianças, adolescentes e jovens por adoção de coração, que se engajem na luta para resgatar as novas gerações.

Meu desejo é que Deus possa fazer desses conselhos pérolas a serem guardadas em cada coração, assim como guardo também no meu. Esta é a síntese do que de melhor eu pude, como pai, passar para meus filhos, Aurora e André. Procuro, acima de tudo, viver em minha casa o que aqui foi descrito. Espero que este singelo ensino também ajude aos inúmeros irmãos, com quem tenho tido contato pela vida afora, na fundamentação de princípios e valores na vida de seus filhos e discípulos como um todo.

Tenho a expectativa que Deus use aquilo que escrevi para auxiliar a cada pai, mãe, cuidador ou responsável a fortalecer o seu exemplo, o que dará suporte a toda essa instrução. Pois, independente de cultura e classe social, o mais importante legado que se pode deixar não é a prata e o ouro, e sim a riqueza interior na vida de nossos filhos. Assim, ao crescerem, essa será a base não apenas dos valores, mas também da fé de cada um.

Atualmente, o mundo e várias congregações enfatizam a prosperidade a qualquer custo. Contudo, à medida que entendemos os desígnios de Deus, aprendemos que no caráter bem formado está o verdadeiro tesouro. Com princípios e valores, a construção da vida, família, carreira e projetos, é sólida, pois estes se tornam a base onde tudo mais é edificado. Saliento que não é um processo rápido. Essa formação é diária e constante. Lembrando que sempre é tempo de começar, mas não de terminar: a paternidade responsável é pela vida afora. Por essa razão investi meu tempo e de minha esposa neste projeto e investirei em qualquer coisa que possa gerar conteúdo moral e espiritual que coopere com a edificação de vidas e famílias.

Como enfatizei no decorrer deste escrito, a vivência de tudo o que compartilhei traz consigo a bênção de Deus. Bênção essa, que se torna um apoio para os muitos desafios que nossos filhos terão pela frente em cada estação de seu caminhar.

Os princípios aqui contidos devem ser adequados por cada pai a seus filhos, de acordo com o nível de compreensão de cada um deles. Para os mais velhos, a linguagem é direta. No meu caso, escrevi desta maneira pelo fato de meus filhos já serem jovens. Mas, para os pequenos, cada pai terá de sintetizar os conselhos e, numa linguagem mais simples, ensiná-los a praticar.

Tenho certeza de que esse será um bom instrumento de aferição a cada leitor, assim como foi para mim enquanto escrevia.

CONCLUSÃO

Pois, tudo que tem como base a Palavra eterna de Deus sempre trará desafios de prática de vida.

Enquanto esse projeto estava sendo desenvolvido, li muita coisa a respeito do tema, assim como também recebi muitos textos de amigos e pessoas afins, que me acompanham nas mídias sociais e em eventos dos quais participo. Um destes, em especial, chamou-me a atenção e muito me inspirou, pois tem tudo a ver com o assunto em questão. O texto me foi enviado por um irmão em Cristo, Alcindo Almeida, e o transcreverei abaixo. Aqui, ele aborda, de forma simples e profunda, a orfandade e o quanto a sociedade moderna precisa de Deus:

Aba Pai!

Temos avançado tanto na tecnologia que, quando falta a energia elétrica, sentimo-nos perdidos como alguém que está no escuro. A grande pena é que não avançamos tanto assim nos relacionamentos. Ao contrário, o individualismo tem criado em nós um falso sentido de liberdade e realização que compromete o espírito de comunhão e a natureza relacional do homem. Como diz Ricardo Barbosa em seu livro O Caminho do Coração: "A orfandade, além de criar um vazio relacional, provoca uma vulnerabilidade espiritual grande em nosso meio." Como precisamos da figura do Pai em nosso viver. Ela não só resgata o significado da missão e da vocação como também resgata a nossa identidade humana. O Pai nos liberta de um mundo fechado e egocêntrico para o mundo das relações e afetos. Ele nos liberta dessa individualidade que nos faz sentir órfãos em potencial. Ele nos dá identidade no meio dessa orfandade. Ele nos dá sentido no meio do mundo perdido e superficial. Que nós busquemos o referencial no amado Aba Pai, Aquele que nos dá sentido e identidade.

Alcindo Almeida (12/12/2014 — via Skype)

Vemos, na citação acima, o quanto a tecnologia da comunicação intensa se tornou, nos dias de hoje, um placebo relacional que nos afastam do Pai. As amizades virtuais são inúmeras e frequentes, mas quase todas superficiais. O que falta a esta geração são alianças profundas, que gerem relacionamentos perenes e construtivos. Por isso, a proposta deste livro é aprofundar relacionamentos entre pais e filhos, muito além da internet, e principalmente, aproximar a todos do Aba Pai, nosso querido Deus.

Bem mais que "seguidores" e "curtidores", um filho precisa de um amigo e ninguém melhor que um pai ou uma mãe, que lhe ensine não apenas seus direitos e privilégios, mas também os valores e princípios permanentes para a vida. Dwight D. Eisenhower, um dos mais importantes presidentes americanos, declarou: *"Um povo que valoriza seus privilégios acima de seus princípios, cedo perde os dois."*[2] E isso vale tanto para uma nação inteira, quanto para cada um de seus indivíduos. Um pai deve ter o compromisso constante de renovar a amizade com seus filhos, compartilhando a vida, resguardando os privilégios e direitos, mas, sobretudo, comunicando os princípios e valores eternos.

Quero, ao concluir esta obra, além de tudo, inspirar pais e filhos a trilharem esse caminho de comunhão primeiramente com Deus, nosso grande e eterno Pai, e também entre si.

Minha oração é participar dessa construção maravilhosa chamada vida por onde este livro passar. Assim terei cumprido meu papel de, como um servo de Deus, ajudar a disseminar mais e mais a verdade da Palavra e seus princípios.

A Deus toda a glória! Com muito amor aos pais e filhos,
Asaph Borba

"Filho meu, ouve o ensino de teu pai e não deixes a instrução de tua mãe." (Provérbios 1:8)

CONCLUSÃO

BIBLIOGRAFIA

[1] BÍBLIA DA FAMÍLIA — NTLH, Estudos de Jaime e Judith Kemp. KEMP, Jaime. *Família — A ideia de Deus: Famílias em crise*, pág.19. Barueri,SP: Sociedade Bíblica do Brasil, 2006.

[2] WIKIQUOTE, a coletânea de citações livre. *Dwight D. Eisenhower*. Disponível em: <https://pt.wikiquote.org/wiki/Dwight_D_Eisenhover>. Acesso em: 25 de abril de 2016.

Todas as canções cujas histórias são narradas neste livro estão reunidas no álbum *De um pai para seus filhos*, disponibilizado pelo autor em todas as plataformas digitais .Para acessá-lo basta escanear o QR Code abaixo com a câmera do seu *smartphone*.

Este livro foi impresso no Rio de Janeiro, em 2022, pela Assahi, para a Thomas Nelson Brasil.
A fonte usada no miolo é Chaparral Pro, corpo 11,5/16.
O papel do miolo é avena 80g/m², e o da capa é cartão 250g/m².